예수께서 전파하신

천국의 역사

예수께서 전파하신

천국의 역사

Copyright ⓒ 새세대 2020

초판 발행 | 2020년 5월 1일

지은이 | 곽요셉
펴낸곳 | 도서출판 새세대
발행인 | 곽요셉
이메일 | churchgrowth@hanmail.net
홈페이지 | newgen.or.kr
출판등록 | 2009년 12월 18일 제20009-000055호
주소 | 경기도 성남시 분당구 정자동 210-1
전화 | 031)761-0338 팩스 031)761-1340

ISBN 979-11-88604-07-4 (03230)

잘못된 책은 구입처에서 교환해 드립니다.
책값은 뒤표지에 있습니다.

예수께서 전파하신

천국의 역사

곽요셉 지음

도서
출판 **새세대**

서문

기독교는 일반 종교가 아니라 복음입니다. 이 복음은 예수 그리스도와 하나님 나라입니다. 하나님 나라는 죽어 천국에서만 누리는 것이 아닙니다. 이미 우리 안에서 시작되었고 그리스도인은 하나님 나라의 증인으로 오늘을 살아갑니다. 그래서 하나님 나라를 누리지 못한다면 지금 잘못된 신앙생활을 하는 것입니다.

그런데 오늘날 교회들에서는 자꾸 다른 것을 이야기합니다. 예수 그리스도의 이름으로 성공과 번영, 자아실현과 소원 성취를 위한 답을 주겠다고 약속합니다. 하지만 이것은 거짓입니다. 심지어 예수 그리스도를 구주로 고백하고 찬양하면서도 예수 그리스도로 만족하지 못하고 하나님 나라로 부족하

다고 합니다. 이렇게 교회가 교회되지 못하고 위기와 타락에
빠지고 있는데, 그런 기독교는 세상이나 다른 종교와 다를 것
이 없게 됩니다.

　천국의 역사는 거듭남에 있습니다. 이것을 부흥이라고 하는
데, 곧 새롭게 살아가는 것입니다. 교회의 본질도 거듭남입니
다. 다른 무엇이 아닌 오직 그리스도의 복음과 성령의 역사로
이루어진 거듭남의 역사입니다. 다시 말해서 하나님 나라와 예
수 그리스도가 선포되고 증거되는 곳이 교회이고, 바로 이 복
음에 '아멘'으로 응답하는 이가 성도입니다. 그러므로 교회는
오직 하나님의 복음만을 선포하고 증거해야 합니다. 혼합되어
서도 안 되고, 세상의 다른 이야기가 나타나도 안 됩니다.

예수님께서 우리에게 주신 말씀은 하나님 나라입니다. 그래서 예수님 안에 있다는 것은 은혜와 의의 권세 아래 있음을 말합니다. 죄와 사망에도 불구하고 하나님의 의와 은혜가 나타나서 구원받은 것입니다. 이처럼 예수 그리스도와 연합할 때에만 복음의 역사가 나타납니다. 이것이 성령의 역사로서, 우리 안에 그 변화가 시작되고 우리를 통해 그 열매가 나타납니다.

앞서 『예수께서 전파하신 하나님의 나라』, 『예수께서 전파하신 천국의 비밀』, 『예수께서 전파하신 천국 복음』을 출간한 것은 예수님이 전하신 말씀이 다름 아닌 하나님 나라이고, 천국의 비밀이고, 천국 복음임을 전하기 위함이었습니다. 이번

에 집필한 책 또한 예수님이 하신 사역의 핵심이 바로 천국의
역사임을 밝히 보이기 위함입니다. 매일 우리의 삶은 누구를
만나든지 항상 천국의 역사에 대한 인식을 가지고 명백하게
천국과 지옥이 있음을 말해 주어야 합니다. 하나님의 은혜와
역사가 있음을, 또한 예수 그리스도가 전하신 것이 천국 복음
임을 말해야 합니다. 여기에 그리스도인의 변화가 있고, 승리
의 삶이 약속되어 있습니다.

예수께서 전파하신
천국의 역사

차 례

01

—

천국의 역사

또 천국은 마치 바다에 치고 각종 물고기를 모는 그물과 같으니 그물에
가득하매 물 가로 끌어 내고 앉아서 좋은 것은 그릇에 담고 못된 것은 내
버리느니라 세상 끝에도 이러하리라 천사들이 와서 의인 중에서 악인을
갈라 내어 풀무 불에 던져 넣으리니 거기서 울며 이를 갈리라 이 모든 것
을 깨달았느냐 하시니 대답하되 그러하오이다

– 마태복음 13:47-51

천국의 역사

13세기 중세 기독교의 대표적인 신학자인 토마스 아퀴나스와 당시 교황인 이노센트 4세에 관한 일화를 하나 소개하겠습니다. 하루는 이 두 사람이 만나 콘스탄티누스 황제가 지어서 기증한 로마의 라테란 대성당 발코니에 서서 대화를 나누고 있었습니다. 때마침 여러 나라에서 보내온 많은 헌금 주머니들이 속속 성당으로 도착하고 있었습니다. 그것을 바라보고 있던 교황 이노센트 4세가 토마스 아퀴나스에게 이렇게 말했습니다.

"선생, 한번 보시오. 베드로 사도께서 은과 금은 내게 없다고 말했는데 지금 교황청은 저렇듯 은과 금이 넘쳐나고 있습니다." 그러자 토마스 아퀴나스가 깊은 한숨을 내쉬며 이렇게 대답했다고 합니다. "예, 그렇습니다. 그렇지만 교황님, 오늘의 교회는 은과 금은 있지만 앉은뱅이에게 일어나 걸으라고 말할 수 있는 나사렛 예수 그리스도의 이름의 능력은 잃어버리고 말았습니다." 깊이 생각해 보시기 바랍니다.

기독교는 복음입니다

성도 여러분, 기독교는 단순한 종교가 아니라 복음이라는 사실을 항상 기억해야 합니다. 그 복음은 예수 그리스도와 하나님 나라입니다. 오늘날 기독교에서 모든 인생의 근원적인 질문에 대한 답이 성경에 있다고 말하며 자랑하지만, 도대체 성경 어디에 답이 있는 것입니까? 그 답은 바로 예수 그리스도입니다. 이것을 절대 잊어서는 안 됩니다. 그런데 예수 그리스도를 구주로 고백하고 찬양하면서도 엉뚱한 데서 답을 찾고 있으니 얼마나 어리석습니까?

전지전능하신 하나님께서 모든 인생의 문제를 아시고, 그 답으로 예수님을 이 땅에 보내셨습니다. 그러므로 예수 그리스도 안에 답이 있고, 그리스도를 아는 지식에 그 답이 있습니다. 그럼에도 불구하고 신학 공부를 하고, 설교를 하며, 신앙 생활을 오래 해오면서도 아직까지 복음이 무엇인지를 모르는 사람들이 많습니다. 그 안에서 답을 못 찾았으면서도 여전히 열심히 성경 공부를 합니다. 참 모순적인 모습입니다.

예수님께서 우리에게 주신 말씀은 하나님 나라입니다. 예수님이 주신 것은 이 세상에서 부와 건강을 얻고, 번영하며 성공하고, 행복해지는 답을 주신 것이 아닙니다. 예수님은 영생의 삶을 약속하셨습니다. 이 땅에서 영생의 삶을 살며, 하나님을 기뻐하고 즐거워하면서 하나님과 동행하는 삶을 우리에게 말씀해 주셨습니다. 그럼에도 불구하고 오늘날 교회와 기독교가 자꾸 다른 답을 주고 있습니다. 예수 그리스도의 이름으로 성공과 번영을 위한 답, 자아실현과 소원 성취를 위한 답을 주겠다고 약속합니다. 이것은 거짓입니다.

자꾸 다른 답을 말한다면 그것은 예수 그리스도로 만족하지 않는 것입니다. 또한 하나님 나라로 부족한 것입니다. 이것으로 내가 행복하지 못한 것입니다. 그래서 교인들은 다른 답을 구하고 또 교회는 그 답에 맞춰서 다른 답을 주겠다고 말하니, 한마디로 엉망진창입니다. 이렇게 해서 교회가 종교 기관으로 전락합니다. 성경에 전혀 나타나지도 않은 새로운 전통과 제도와 관습을 만듭니다. 계속해서 새로운 이벤트, 새로운 프로그램들을 만들어갑니다. 이런 것을 잘 따라가고 순종하면 좋은 교인이고, 그렇지 못하면 시원찮은 교인으로 분류합니다.

오직 복음만이 선포되어야 합니다

한 남자가 아내의 생일 선물로 다이아몬드 반지를 선물했습니다. 그런데 그 남자의 친구가 말하기를 "자네 부인은 당신이 말했듯이 항상 벤츠 자동차를 갖고 싶어 했는데 왜 그걸 선물했어?"라고 했더니, 남자가 웃으며 이렇게 대답하였습니다. "맞아, 나도 알아. 하지만 내가 어디서 가짜 벤츠 승용차를 구할 수 있겠어?" 그 남자는 아내에게 가짜 반지를 준 것입니다.

성도 여러분, 진짜가 있는 곳에 항상 가짜가 넘친다는 사실을 기억하시기 바랍니다. 세상은 진짜와 가짜가 공존합니다. 오직 하나님의 복음만이 선포되어야 하는데 교회 안에도 가짜 복음이 예수 그리스도의 이름으로 계속 전파되고 있습니다.

모든 기독교와 교회의 모델은 초대교회입니다. 초대교회는 항상 예수 그리스도와 하나님 나라만을 선포했습니다. 그것이 답이라고 말했습니다. 그 안에서 답을 찾았고, 그것을 기뻐하

며 주께 순종했습니다. 다른 답을 구하지 않았습니다. 그 안에
답이 있었기 때문입니다. 성령께서 그렇게 역사하셨고, 성령
의 역사에 순종하여 오직 예수 그리스도의 십자가와 부활, 그
리고 그분이 전하신 천국 복음만을 전했습니다. 그래서 신약
성경을 자세히 읽어보면 초대교회에 사탄의 역사로 가짜 복
음이 자꾸 전파되니 가짜 교회가 생기고 가짜 교인들이 너무
많아진 것입니다. 신약성경은 이것을 무섭게 경고합니다. "이
런 일을 행한 자는 저주를 받을 것이다. 반드시 하나님의 심판
인 저주를 받을 것이다."

성도 여러분, 우리 안에 계신 성령 하나님은 진짜와 가짜를
구별케 하십니다. 분별의 영으로 우리 안에서 하나님의 뜻을
분별하며, 삼위일체 하나님이 누구시고 무슨 일을 하시며 오
늘도 어떻게 역사하는지를 깨닫게 해주십니다. 이것을 항상
기억해야 합니다.

비유의 상징적 의미

본문에는 예수님께서 전하신 귀한 천국 복음이 기록되어
있습니다. 이것은 비유로 주신 말씀이어서 우리로 하여금 쉽
게 기억하고 이해할 수 있게 해주지만, 그 속에는 심오한 천국

진리가 계시되어 있습니다. 특별히 오늘 이 비유는 알레고리적 비유로서 각 상징적 언어가 의미를 나타내고 있습니다. 예를 들어, '바다'는 세상을 말합니다. '그물'은 교회를 말하고, '그물 안의 물고기들'은 교인들을 말합니다. '각종 물고기들'은 인간들을 말합니다. 그리고 '풀무 불'은 지옥을 말하는 것입니다.

마태복음 13장에는 일곱 개의 천국 진리가 함께 기록되어 있습니다. 오늘 이 비유는 마지막 결론으로 가장 중요하게 요약되어 그 중요성을 우리에게 말해 주고 있습니다. 한마디로 천국의 역사를 우리에게 계시해 주고 있습니다. 이 세상에서뿐만 아니라 영원한 하나님 나라에서 어떻게 천국이 역사하고 이루어지는가를 우리에게 설명해 주고 있습니다.

먼저 천국에 대해서 '바다에 친 그물과 같다'고 말씀합니다. 여기서 그물은 교회입니다. 성도 여러분, 교회는 인간이 만든 것도 아니요, 종교 기관도 아닙니다. 교회는 하나님께서 세우신 것이요, 지상의 하나님 나라입니다. 세상에 수많은 일이 있지만 하나님 나라를 전파하고 그것을 상징하고 대표하는 것은 교회뿐입니다. 그래서 성경은 교회를 '그리스도의 몸'이라고 말씀합니다. 오직 예수 그리스도가 교회의 머리시요, 주인이십니다. 그 공동체 구성원들은 그것을 기뻐하고 믿는 것입니다. 또한 예수님을 구주로 고백하며 찬송합니다. 다시 말해서, 예수 그리스도로 만족합니다. 모든 문제의 답이 예수 그리스도께 있음을 기뻐하고 증거합니다. 만일 그렇지 못하면 그 교회는 또다시 하나의 종교 기관으로 변질됩니다. 이것은 역사가 말해 줍니다.

하나님의 교회는 오직 그리스도의 복음과 성령의 역사로 이루어진 곳입니다. 다른 무엇이 아닙니다. 어떤 전통, 제도, 관습, 프로그램도 아닙니다. 오직 하나님의 말씀인 복음, 다시 말해서 하나님 나라와 예수 그리스도가 선포되고 증거되는 곳입니다. 바로 이 복음에 대해서 '아멘' 하는 것입니다. 그런데 만일 다른 답을 찾는다면 그것은 세상 이야기와 다를 것이 없고, 다른 종교와 차이가 없습니다. 우리는 오직 복음 안에서 하나님의 지혜와 능력을 체험합니다. 그리고 그 답을 발견할 때 감사하고 기뻐하며, 그 복음에 순종하게 됩니다. 그래서 하나님의 교회는 오직 하나님의 복음만을 선포하고 증거해야 합니다. 혼합해서도 안 되고, 다른 세상의 이야기가 나타나도 안 됩니다. 이렇게 되다 보면 조금씩 교회가 교회 되지 못하고, 교회의 위기와 타락이 나타납니다.

거룩한 곳인 동시에 불완전한 곳인 교회

성도 여러분, 하나님의 교회는 분명 거룩한 곳입니다. 그러나 동시에 불완전한 곳입니다. 이 세상에 있는 하나님 나라인 교회는 삼위일체 하나님께서 역사하시므로 거룩한 곳입니다. 삼위일체 하나님께서 떠나시면 아무리 큰 건물이고, 수십만 명이 모여도 그것은 종교에 불과합니다. 삼위일체 하나님께서 존재하시고 역사하시므로 거룩한 곳이 되는 것입니다.

그러나 동시에 사람들이 모였기 때문에 불완전한 곳입니다. 죄인들이 모였기 때문에, 불완전한 사람이 모였기 때문에 항상 그만큼 불완전합니다. 그런데 그곳에 신비한 역사가 일어납니다. 만일 교회가 완전을 추구하다가 타락하면 사탄이 주인이 될 것입니다. 왜냐하면 그것은 절대 불가능하기 때문입니다. 모두 부족한 죄인들이 모였는데 어떻게 완전해집니까? 그러기 위해서 위선을 떨고 율법주의에 빠지게 됩니다. 하지만 이 세상에서 그런 곳은 없습니다. 그러므로 교회는 거룩한 곳이지만, 항상 불완전한 곳입니다.

그럼에도 불구하고 하나님의 교회는 항상 은혜로 충만합니다. 그 은혜가 없으면 하나님의 자녀가 될 수도 없고, 하나님께 죄 사함을 받을 수도 없고, 하나님과 화평할 수도 없고, 천국에 들어갈 수도 없습니다. 그가 누구든지 간에, 이제 신앙을 가지게 되었든, 아니면 수년간 신앙생활을 했든, 또 성경 공부를 얼마나 했든, 오직 은혜가 없으면 아무것도 아닌 존재임을 고백하는 곳입니다. 그래서 교회는 은혜의 공동체가 이루어져야 하는 곳입니다. 정의, 그것은 하나님께 맡기십시오. 내 문제가 아닙니다. 내가 이 교회에 나오는 이유는 은혜가 필요해서입니다. 은혜를 갈망해서입니다. 그리고 그 은혜를 찬양하고자 예배드립니다.

또한 교회는 거듭남의 역사가 일어나는 곳입니다. 이것이 교회의 본질입니다. 착한 사람 만드는 곳도 아니고, 성공한 사람 만드는 곳도 아닙니다. 거듭남의 역사로 천국 들어가는 것입니다. 이것이 교회의 목적이요, 본질입니다. 여기에 변화가 있는 것입니다. 예수 믿기 전에는 세상 지식과 가치관과 세계관과 역사관에 이끌려 살았습니다. 그때는 그것이 지혜 있는 삶이었습니다. 그러나 거듭나고 보니까 이제 그런 것은 필요 없게 되었습니다. 다 허망한 것에 불과한 것을 깨달았습니다. 그래서 이제는 오직 천국을 믿고, 천국 진리와 역사관 안에서 다시 생각하면서 오늘의 삶을 살아갑니다. 내게 복음을 전해 주신 예수 그리스도 안에서 믿음으로 일상의 삶을 살아가게 됩니다.

오래전에 미국의 어떤 식당에서 실제 있었던 일입니다. 어느 날 저녁에 식당 주인이 많은 돈을 봉투에 넣어서 계산대에 잠깐 놓았습니다. 잠시 후 한 남녀가 와서 음식을 포장 주문했습니다. 그런데 점원이 실수로 음식이 들어 있는 봉투를 준 것이 아니라 돈이 들어 있는 봉투를 주었습니다. 이 남녀는 그것도 모르고 근처 공원에 가서 음식을 먹으려고 하다가 봉투에 많은 돈이 들어 있는 것을 보고는 깜짝 놀랐습니다. 그리고 그들은 곧장 식당으로 돌아가서 주인에게 돈을 돌려주었습니다.

그 사이 식당 주인은 강도가 들어서 큰돈이 없어졌다고 생각하고 경찰에 신고했습니다. 현장에는 경찰들과 방송국에서 나온 사람들이 많이 있었습니다. 돈을 찾은 주인은 감격해서 말했습니다. "당신들처럼 정직한 사람은 오늘 저녁 뉴스에 나와야 합니다." 그러나 남자는 완강히 거부하였습니다. 그러면서 이렇게 이야기하였습니다. "절대 공개되어서는 안 됩니다. 이 여자는 제 아내가 아닙니다."

이 사람은 돈에 대해서는 정직했지만 아내에게는 정직하지 못했던 것입니다. 이것이 인간이 행하는 의의 한계입니다. 드러난 어떤 부분은 너무나 훌륭하지만, 어떤 부분에 숨겨진 죄가 있는지는 알지 못합니다. 이러한 의로는 절대 천국에 못 들어갑니다. 이것을 아는 그리스도인이 오직 복음 외에 무엇을 생각할 수 있겠으며, 그 외에 무엇을 갈망하겠습니까! 우리는 오직 복음을 믿음으로 거듭나고, 하나님의 의를 얻어 천국에 들어갑니다.

교회는 구원의 역사를 일으키는 곳입니다

본문에서 예수님은 간단한 비유를 통하여 이 천국 진리의 결론을, 엄청난 하나님의 메시지를 우리에게 계시해 주십니다. 먼저는 교회의 절대 필요성을 말합니다. 불완전한 교회지만, 어떨 때는 싸우고 비난하는 곳이지만, 그 이전에 삼위일체 하나님이 계신 곳이기에 하나님께서 친히 구원의 역사를 일으키시는 곳이므로 교회는 절대 필요한 곳입니다. 본문에 나타난 대로 그물 안에 있어야 구원받습니다. 그물에 들어와야 합니다. 그물 밖에는 구원이 없습니다. 그래서 교회를 '구원의 방주'라고 합니다.

지난 주간에 우연히 어떤 분들을 만났는데, 한 분이 방송 기자였습니다. 제가 "그리스도인이십니까?" 물었더니 "네"라고 해서 그런 줄 알았는데, 옆에 있던 분이 "그런데 이 친구 교회 안 다녀요"라고 하는 것이었습니다. 그래서 "그게 무슨 말이에요?" 하고 물었더니, 예수님은 좋은데 교회가 싫다는 것이었습니다. 그러면서 계속 자기가 경험한 교회를 얘기하였습니다. 그분은 교회에서 싸우는 것만 보고 그것만 기억하고 있었습니다.

그래서 그분에게 이렇게 이야기해 주었습니다. "당신의 말이 모두 틀린 것은 아니지만 교회는 불완전한 곳입니다. 그리고 동시에 거룩한 교회입니다. 구원의 방주를 떠나서 구원은 없습니다. 부족하지만, 세상 어디에도 하나님의 복음을 전파하는 곳은 교회뿐입니다." 그랬더니 그는 다시 한 번 생각해 보겠다고 답하였습니다.

교회 안에는 구원받은 자와 그렇지 않은 자가 공존합니다

본문은 교회의 절대 필요성을 말씀해 줍니다. 동시에 그 교회 안에 좋은 것과 못된 것이 함께 있다는 것을 말씀해 줍니다. 이것을 항상 기억하십시오. 거듭난 그리스도인이냐 아니냐, 천국 시민권을 가진 자냐 아니냐, 정말 구원받은 자냐 아니냐는 함께 공존하는 것입니다. 가짜와 진짜가 함께 있습니다. 여러분은 어느 쪽이 더 많을 것 같습니까? 한번 생각해 보십시오.

어떤 분들은 신앙생활을 하면서 교인끼리 부딪쳐 상처를

받아 크게 실망했다고 하시는 분이 있는데, 교회는 원래 그런 곳입니다. 예수님 말씀대로 좋은 것과 못된 것이 함께 있습니다. 그럼에도 불구하고 그곳은 하나님의 교회입니다. 그러니 낙망하면 안 됩니다. 그런 과정을 통하여 하나님의 경륜 속에서 더 큰 믿음의 사람으로 성숙해지는 곳이 교회입니다. 그러므로 교회 안에 있는, 구원받지 못한 사람들을 향해서 정죄하거나 비난하거나 제거하려고 들면 안 됩니다. 이것은 하나님이 하실 일이기 때문입니다. 주로 그런 일 때문에 교회에 분란이 많이 생기게 됩니다. 하지만 이것은 하나님의 주권입니다. 심판은 하나님께 있습니다.

오래 신앙생활을 하다 보면 경험하는 것이 있습니다. 예수님 말씀대로 처음 된 자가 나중 되고, 나중 된 자가 처음 됩니다. 처음에는 정말 훌륭한 크리스천이라고 생각했는데, 시간이 흐르고 보니 아무것도 아니라는 생각이 드는 사람들이 있습니다. 그런데 어떤 사람은 처음에는 참 형편없이 보이고 껄렁껄렁한 것 같았는데, 나중에 보니까 진국인 사람이 있습니다. 그러므로 이것은 하나님의 경륜 안에 있는 것입니다. 우리 인간에게는 그런 판단력이 없습니다. 인간은 보고 싶은 것만 보고, 보이는 것만 보고 다닙니다. 교회 안에서 심판은 하나님의 몫이라는 것을 잊어서는 안 됩니다.

하나님의 심판은 현재적이고, 미래적이고, 종말적입니다

그리고 본문은 말씀합니다. '반드시 심판이 있다. 좋은 것과 못된 것이 반드시 나누어지는 그 날이 있다.' 성도 여러분, 하나님의 심판은 현재적이고, 미래적이고, 종말적입니다. 항상 기억하십시오. 하나님은 위선자를 싫어하십니다. 그래서 예수님께서 사회적으로 훌륭한 바리새인을 향해서 '독사의 자식'이라고 말씀하십니다. 위선은 가증한 교만입니다. 사람들도 싫어하지만, 정말 하나님께서 미워하십니다.

때때로 그 심판이 현재적으로 보이는 것을 우리는 경험하게 됩니다. 무엇보다도 최후 심판은 반드시 있습니다. 세상이 끝나는 날에 최후의 심판이 있다는 것을 기억해야 합니다. 그때는 교회가 없어질 것입니다. 이 교회는 임시적인 것일 뿐, 하나님의 최후의 심판 때에는 오직 하나님 나라만 남습니다. 선과 악이 드러나고 좋은 것과 못된 것이 반드시 드러납니다. 이것이 최종 심판입니다. 그 기준은 하나님께서 약속하셨습니다. 그것은 하나님의 의입니다. 바로 하나님의 의, 그것이 심판 기준입니다. 모든 인류가 하나님 앞에 서야 합니다. 이 사실을 알고 살아가는 사람이 천국 백성입니다.

그리고 본문은 분명히 말씀합니다. '천국과 지옥이 있다.'

우리는 천국과 지옥이 있다는 사실을 항상 기억해야 합니다. 흔히 미국이 기독교 국가라고 생각하는데, 꼭 그런 것만은 아닙니다. 설문 조사를 하면 교회 다니는 사람은 50퍼센트가 안 되는데, 90퍼센트 이상이 천국 간다고 이야기합니다. 예수님이 누구이신지도 모르고, 복음이 무엇인지도 모르고, 교회에 다녀본 적도 없는데도 자신은 천국 간다는 것입니다. 참 근거 없는 자신감입니다. 그래서 다시 물었습니다. "당신은 지옥이 있는 것을 믿습니까?" 그랬더니 지옥은 안 믿는다고 이야기합니다. 오직 천국만 믿는 것입니다. 그러면서 제시하는 근거가 "사랑의 하나님께서, 은혜의 하나님께서 어떻게 인간을 지옥으로 보내실 수 있겠습니까?"인데, 그것은 잘못된 것입니다.

오늘날 유심히 살펴보면 한국이든 미국이든, 지옥이라는 단어가 점점 사라지는 것을 볼 수 있습니다. 단지 천국만 말합니다. 하나님의 사람인 변증가 C. S. 루이스는 담대하게 말합니다. "지옥을 제대로 믿지 않고서 천국을 제대로 믿는 사람을 만나본 적이 없다." 저도 전적으로 동의합니다. 지옥을 안 믿으면 천국도 없습니다. 반대로 천국을 믿는다면 지옥도 있는 것입니다.

그리스도인이 가져야 할 성경적 역사관

천국에 들어가야 성공하는 것입니다. 천국에 들어가지 못한 자가 어떻게 행복, 성공, 형통을 말할 수 있겠습니까? 성도 여러분, 구원받은 그리스도인은 천국 역사관을 가지고 천국을 갈망하고 인식하며 증거하면서 오늘을 살아갑니다. 정말 천국과 지옥이 있는 것을 알기 때문입니다. 오늘날 세상 사람들이 예수님과 성경을 모르더라도, 천국과 지옥에 대한 사실만 믿어도 세상은 완전히 뒤바뀔 것입니다. 그곳이 삶의 최종 목적지인데 어떻게 엉터리로 살아갈 수 있겠습니까?

하나님의 사람, 감리교 창시자인 존 웨슬리에게 어떤 사람이 이렇게 질문했습니다. "당신이 내일 죽게 된다면 당신은 무엇을 준비하고 있겠습니까?" 존 웨슬리는 평소대로 대답했습니다. "글쎄요. 더 준비할 것이 무엇이 있겠습니까? 저는 매일 밤 죽음을 준비하며 살아가고 있습니다. 내일 밤 12시에 죽는다면 다음날은 천국에서 깨어나겠지요."

성도 여러분, 성경에 기록된 분들과 역사 안에 있었던 모든 하나님의 사람은 천국 역사관을 인식하며 오늘을 살았습니다. 천국 백성 된 것을 알았기 때문입니다. 그리고 영생의 삶을 시작하고 있었기 때문입니다. 세상 역사에 끌려가는 것이 아니라 천국 역사를 기억하며 복음 안에서 깊이 묵상하고 기뻐하며 감사하면서 승리했던 것을 기억해야 합니다. 매일 우리의 삶은 많은 사람을 만나든 적은 사람을 만나든, 항상 천국의 역사 인식을 가지고 사람들에게 명백하게 천국과 지옥이 있음을 말해 주어야 합니다. 하나님의 은혜가 있고, 하나님의 역사가 있고, 예수 그리스도가 있음을 말해야 합니다. 여기에 그리스도인의 변화가 있습니다. 그리고 여기에 승리의 삶이 약속되어 있습니다.

모든 것이 바뀌었습니다. 예수님도 이 땅에 오셔서 오직 천국을 갈망하며, 천국 세계관 안에서 십자가를 기꺼이 지셨습니다. 성경은 그것을 우리에게 증거해 주고 있습니다. 그래서 사도들도, 초대 교인들도 오직 예수님의 십자가와 부활이 메시지의 전부였습니다. 이것이 모든 문제의 답인 것이고, 그 외에 다른 답은 없습니다. 그것을 믿는 사람들이 모여 하나님의 교회가 시작됩니다. 천국 시민권을 가진 자는 이 세상에 살면서 하나님 나라와 관계없는 것은 하나씩 하나씩 제거해야 합니다. 우리가 예수 믿기 전에는 뼛속까지 세상 역사관, 세상 지식으로 가득 차 있기 마련입니다. 그러므로 이제 하나님 나라와 관계없는 것, 천국과 관계없는 방해 요소들은 다 제거해야 합니다. 소유 중심의 삶으로부터 시작해서 물질관에 대해서도 그렇고, 탐심에 대해서도 그렇고, 욕망에 대해서도 그렇고, 내 꿈에 대해서도 그렇고, 자기 소원에 대해서도 그렇고, 하나님 나라와 관계가 없다면 모두 다 제거해야 합니다. 아무 소용이 없기 때문입니다.

그리고 오직 믿음으로 교회 중심의 삶을 통해서 교회의 책임 있는 구성원으로, 오직 복음의 증인으로 오늘을 살아가야 합니다. 진실로 하나님 나라는 이 땅에서 시작되었고 완성될 것입니다. 우리는 천국 백성으로 그 영원한 소망이 천국에서 완성될 것을 기뻐하며, 하나님을 즐거워하며 오늘을 살아가야 합니다. 이것이 그리스도인의 인생이요, 승리의 삶입니다.

전지전능하신 은혜의 하나님, 오직 예수 그리스도 안에서 하나님
의 복음을 믿음으로 하나님의 자녀 되었지만, 아직도 예수 그리스
도 밖에서 인생의 답을 찾으며, 방황하며, 잘못된 신앙생활을 하
면서도 회개하지 않으며, 끝없이 불신앙의 삶을 살아가는 죄인을
용서하여 주시옵소서. 진실로 우리 앞에 천국과 지옥이 있음을 믿
으며, 천국의 역사관을 깊이 묵상함으로 예수님과 같이, 사도들과
같이, 초대 교인들과 같이 이 땅에서 믿음으로 승리하는 삶을 살
도록 지켜주시옵소서. 성령이시여, 이제는 성령으로 살아 천국을
진심으로 갈망하며, 하나님의 은혜를 자랑하며, 모든 인생 문제의
답이 예수 그리스도와 하나님 나라에 있음을 기억하며, 그리스도
를 아는 지식의 충만함에 이르는 승리의 삶을 살아가도록 지켜주
시옵소서. 주 예수 그리스도의 이름으로 간절히 기도드리옵나이
다. 아멘.

02

씨 뿌리는
비유를
들으라

그러나 너희 눈은 봄으로, 너희 귀는 들음으로 복이 있도다 내가 진실로 너희에게 이르노니 많은 선지자와 의인이 너희가 보는 것들을 보고자 하여도 보지 못하였고 너희가 듣는 것들을 듣고자 하여도 듣지 못하였느니라 그런즉 씨 뿌리는 비유를 들으라 아무나 천국 말씀을 듣고 깨닫지 못할 때는 악한 자가 와서 그 마음에 뿌려진 것을 빼앗나니 이는 곧 길 가에 뿌려진 자요 돌밭에 뿌려졌다는 것은 말씀을 듣고 즉시 기쁨으로 받되 그속에 뿌리가 없어 잠시 견디다가 말씀으로 말미암아 환난이나 박해가 일어날 때에는 곧 넘어지는 자요 가시떨기에 뿌려졌다는 것은 말씀을 들으나 세상의 염려와 재물의 유혹에 말씀이 막혀 결실하지 못하는 자요 좋은 땅에 뿌려졌다는 것은 말씀을 듣고 깨닫는 자니 결실하여 어떤 것은 백배, 어떤 것은 육십 배, 어떤 것은 삼십 배가 되느니라 하시더라

— 마태복음 13:16-23

씨 뿌리는 비유를 들으라

미국의 그레이스 커뮤니티 교회의 존 맥아더 목사님이 쓰신 『나는 왜 성경을 믿는가?』(*Why Believe the Bible?*)라는 책에 기록된 내용을 소개하겠습니다. 하나님의 말씀을 통해서 하나님을 알기 원한다면, 반드시 바른 마음을 갖고 바른 생각을 해야 한다고 하면서 하나님의 말씀을 듣기 위한 바른 마음과 태도를 다섯 가지로 설명합니다.

첫째는 거듭남입니다. 거듭나지 않고 중생하지 않으면 하나님의 말씀을 들어도 듣지 못하고, 하나님의 말씀으로 받아들일 수가 없습니다. 성령의 역사가 있고, 성령께서 조명해 주셔야 하나님의 말씀을 들을 수 있습니다.

둘째는 진정한 열망입니다. 간절함이 없으면 하나님의 말씀을 들을 수 없습니다. 내가 소원하는 것이 그 무엇보다도 하나님의 말씀 듣기이며, 그걸 갈망하는 마음으로 살아야 하나님의 말씀이 내게 나타납니다.

셋째는 지속적인 성실함입니다. 영적 게으름과 나태함 속에서는 말씀이 곧 사라집니다. 말씀이 마음에 새겨지지 않습니다. 부지런히 말씀을 묵상하고 성경을 읽는 과정에서 하나님의 은총으로 하나님의 말씀이 들려옵니다.

넷째는 실제적인 거룩함입니다. 삶 속에서 죄 중에 살며 죄와 타협할 때는 하나님의 말씀이 단절됩니다. 애통하는 마음으로 회개하며 사죄의 은총을 받을 때 비로소 하나님의 말씀이 내게 들려오기 시작합니다.

다섯째는 기도입니다. 기도는 하나님과의 영적 대화요 교제입니다. 기도 없이는 하나님의 뜻을 분별할 수 없고, 하나님의 말씀을 들을 수 없다는 것을 항상 기억해야 합니다. 깊이 생각해 보시기 바랍니다.

예수 그리스도 안에서 하나님의 복음을 듣는 그리스도인

성도 여러분, 오늘 하나님의 말씀을 들으며 하루하루를 살아가고 계십니까? 기록된 성경 말씀 안에서 하나님의 뜻을 분별하며, 하나님의 말씀을 진심으로 들으며 오늘을 살아가십니까? 그 사람이 거듭난 하나님의 사람이요, 복 있는 자입니다. 모든 그리스도인은 예수 그리스도 안에서 하나님의 복음을 듣고 믿음으로 구원받은 하나님의 자녀입니다. 만약 그 사람이 하나님의 말씀을 듣지 못했다면 그는 아직 그리스도인이 아닙니다. 아무리 교회 열심히 다니고, 봉사를 하고, 성경을 읽고, 성경공부를 해도 내게 주신 하나님의 말씀을 하나님의 말씀으로 듣지 못했다면 그는 한낱 종교인일 뿐입니다.

모든 인간의 문제는 선택적으로 듣는 데 있습니다. 듣기는 듣는데, 선택적으로 듣고 싶은 것만 듣습니다. 바로 그 마음을 깨뜨려야 합니다. 선택적으로 듣게 되면 먼저 반드시 들어야 할 것을 듣지 않습니다. 듣기는 듣지만, 결국은 안 듣습니다. 그러한 사람은 교만한 사람입니다. 또한 듣지 말아야 될 것이 있는데 자꾸 귀가 그리로 가고, 그걸 또 듣고 따라갑니다. 이런 사람은 어리석은 사람입니다.

이런 교훈적인 이야기가 있습니다. 노숙자 두 명이 서로 이런 대화를 나누었습니다. 한 명이 말합니다. "나는 누가 충고해도 안 듣는 사람이잖아요? 그러다가 이 꼴이 됐습니다." 그 말을 들은 맞은편에 있던 사람이 이렇게 말했습니다. "나는 남의 말만 듣다가 이 모양 이 꼴이 됐습니다."

어떻게 생각하십니까? 꼭 들어야 할 말은 듣지 않고 듣지 말아야 할 말에는 귀를 기울인다면 이렇게 망합니다. 다시 말해서, 실패는 귀로부터 시작합니다. 귀가 기준입니다. 귀가 잘못 들었기 때문에 망하는 것입니다.

마음의 귀와 눈이 열린 그리스도인

샌프란시스코 신학교 총장이었던 도널드 맥컬로우 박사는 그의 책 『빛나는 인격』(Say please, say thank you)에서 경청하기의 중요성을 말합니다. '경청이란 먼저 마음을 활짝 열고 상대방의 말에 주의 깊게 귀를 기울이며 듣는 것'이라고 하면서 그는 미국의 루즈벨트 대통령에 대한 아주 재미난 예화 하나를 듭니다.

루즈벨트 대통령이 어느 날 무도회에서 많은 사람과 악수를 나누며 의례적인 인사말을 했습니다. 그런데 이렇게 수많은 사람과 인사를 하다 보니, 어차피 자기 말을 듣는 것 같지도 않는데 계속 이런 식으로 인사하는 것이 지겹고 재미가 없어졌습니다. 그래서 슬그머니 인사말을 이렇게 바꿔보았습니다. "제가 오늘 아침에 할머니를 죽였습니다." 그랬는데도 사람들은 그의 말을 여전히 건성으로 들으면서 이런 식으로 반응을 보이는 것이었습니다. "잘하셨습니다." "각하, 훌륭하십니다." "계속하십시오." 심지어 그중 한 외교관은 그에게 다가와 귀에 대고 이렇게 아부의 말을 속삭였습니다. "할머니가 죽을 짓을 하셨겠지요."

예수님께서 오늘 우리에게 귀한 하나님의 말씀을 선포해 주십니다. "너희 눈은 봄으로, 너희 귀는 들음으로 복이 있도다"(16절). 항상 묵상하며 살아가시기 바랍니다. '너희 귀가 들음으로 복이 있도다.' 성경에서 듣는다는 것은 귀로만 듣는 것을 말씀하지 않습니다. 정말 하나님의 말씀으로 들었다는 것입니다. 그러니 그 말씀을 듣고, 깨닫고, 믿고, 순종하는 것입니다. 바로 그 사람이 복이 있다고 말씀하십니다.

로마서 10장 17절은 말씀합니다. "믿음은 들음에서 나며." 구원에 이르는 그 놀라운 믿음은 들음에서 납니다. "듣지 않고 어찌 믿으리오." 하나님의 말씀을 들음으로써 구원에 이르는 믿음이 나타납니다. 그리고 그 믿음으로 우리는 봅니다. 소망하는 것을 영적인 눈으로 봅니다. 마음의 귀가 열리고, 영적인 눈으로 봅니다. 그래서 히브리서 11장 1절은 이렇게 설명하고 있습니다. "믿음은 바라는 것들의 실상이요 보이지 않는 것들의 증거니."

정말 그렇습니다. 예수 믿고 구원받으면 마음의 귀가 열리고, 눈이 열립니다. 그래서 기록된 성경 말씀을 통해서 하나님의 말씀을 듣는 것입니다. 좋은 이야기를 듣는 것이 아니라 하나님의 말씀으로 듣는 것입니다. 그 속에서 하나님의 영광을 봅니다. 또한 예수 그리스도 안에서, 예수 그리스도의 삶과 교훈을 통해서 하나님을 봅니다. 그 속에서 하나님의 말씀이 들리고, 하나님의 영광이 보이고, 하나님의 은혜와 진리가 충만함을 고백하게 됩니다. 그 사람이 복 있는 자입니다.

오늘 주께서 말씀하십니다. "그런즉 씨 뿌리는 비유를 들으라"(18절). '천국의 비밀을 들으라. 이 비유 속에 나타난 하나님의 말씀을 들으라. 그가 복 있는 자다.' 이 비유를 통하여 천국의 비밀을 계시하시고 선포하십니다. 이 말씀을 통해서 천국의 진리를 알고, 그 진리가 곧 하나님의 말씀으로 들리는 자는 복 있는 사람입니다. 오늘 이 시대를 보십시오. 천국에 관심이 없고, 듣지를 않습니다. 들어도 건성으로 듣습니다. 심지어 교회에 와서도 하나님의 말씀을 듣지 못합니다. 어떤 사람은 듣고 싶어도 들리지 않습니다. 그러니 정말 하나님의 말씀

으로 들릴 때 이것이 얼마나 감사한 일입니까! 그가 복 있는
사람입니다.

비유의 상징적 의미

오늘 이 비유에서 씨는 하나님의 복음이요, 천국 복음을 말
합니다. 이것은 인간의 말이나 인간의 교훈이 아닙니다. 좋은
철학사상도 아니요, 종교적 선언도 아닙니다. 그야말로 하나
님의 말씀입니다. 교회는 오직 하나님의 말씀이 선포되는 곳
입니다. 하나님의 말씀은 율법이 아닙니다. 하나님의 말씀은
복음만이 선포되어야 합니다. 율법은 우리가 행하는 것이지만
복음은 하나님이 행하시는 것입니다. 그 기쁜 소식을 들음으
로써 우리 안에 복음의 역사가 나타나기 때문입니다.

그리고 이 복음의 씨가 뿌려졌는데 결과가 다양합니다. 우
리 모두는 말씀만 임하면, 말씀이 선포되면 다 좋은 열매를,
풍성한 열매를 맺기를 기대합니다. 하지만 예수님께서는 '아
니다'라고 말씀합니다. 성경 전체를 보면 하나님은 분명 이 복
음의 역사 속에 모든 사람이 구원받기를 기뻐하시고 원하십
니다. 이것이 하나님의 마음입니다. 하지만 결과는 그렇지 않
습니다. 다수가 구원받지도 못하고 소수만이 천국에 들어간다

고 성경은 선언하고 있습니다. 결과가 다릅니다.

또한 이 결과에 대한 책임이 어디 있습니까? 씨의 문제가 아닙니다. 씨 뿌린 자의 문제도 아닙니다. 바로 밭의 문제라고 말씀합니다. 이 밭은 사람의 마음을 말합니다. 다시 말해서, 복음의 역사의 책임은 각 사람에게 있다는 것을 이 비유를 통하여 계시하십니다.

복음의 역사의 네 가지 결과

오늘 성경을 통해 예수님은 복음의 역사의 네 가지 결과를 우리에게 자세히 말씀해 주십니다. 나는 어디에 해당되는지 생각하며 듣기를 바랍니다.

첫째는 길가에 뿌려졌다는 것입니다. 19절은 이렇게 말씀합니다. "아무나 천국 말씀을 듣고 깨닫지 못할 때는 악한 자가 와서 그 마음에 뿌려진 것을 빼앗나니 이는 곧 길 가에 뿌려진 자요." 하나님의 말씀이 선포되는데, 깨달음이 없습니다. 이는 무지한 자입니다. 듣기는 듣는데, 듣지 못하는 자입니다. 무관심해서 못 듣기도 하고, 이기적인 탐심과 정욕에 이끌려 말씀이 들려지지 않으니 참으로 비참한 자입니다. 내 안에 있는 교만이 하나님의 말씀을 가로막고 있습니다.

그런데 왜 이런 일이 일어날까요? 예수님이 말씀합니다. '악한 자가 와서, 사탄이 와서 이러한 역사를 일으키고 있다.' 이것이 오늘 인간의 실존입니다. 성경은 이러한 사람을 향하여 말씀합니다. '마음이 완악하다. 강퍅하다. 굳어졌다.' 사람의 말도 아니고, 하나님의 말씀이라고 하는데 호기심도 없고 무관심합니다. 그래서 듣지를 않으니 구원받지 못하는 것입니다. 그러므로 책임은 그 사람에게 있는 것입니다. 그 사람의 마음이 굳어졌습니다. 그것이 인간의 타락의 실존입니다.

둘째는 돌밭에 뿌려졌다는 것입니다. 20절, 21절 말씀입니다. "그 속에 뿌리가 없어 잠시 견디다가 말씀으로 말미암아 환난이나 박해가 일어날 때에는 곧 넘어지는 자요." 이 돌밭에 뿌려졌다는 것은 말씀을 듣고 즉시 기쁨으로 받되 넘어진 자입니다. 그는 하나님의 말씀을 들을 때 일시적으로 기쁘고, 감사하고, 찬송하는 현상을 나타냅니다. 하지만 선택적으로 들었습니다. 인간의 기준, 나의 기준으로 듣고 싶은 것만 들은 것입니다. 성경의 전체 말씀 그대로를 들은 것이 아닙니다. 그래서 감격하고 찬송하는 것이 잠시 반짝거릴 뿐, 아무 열매가 맺히지 않습니다.

하나님에 대해서도 그냥 좋으신 하나님, 내게 복 주시는 하나님, 계속 나를 사랑하시는 하나님으로만 생각합니다. 성경은 동시에 진노하시는 하나님, 심판하시는 하나님, 공의의 하나님, 거룩하신 하나님을 말씀하는데, 아예 그 쪽은 듣지를 않습니다. 하나님을 자기 마음대로 만들어가는 것입니다. 이는 구원받지 못한 사람입니다. 비록 항상 교회에 나와 찬송하고 봉사를 해도 복음의 열매가 맺히지 않고 있습니다. 이런 사람은 항상 새로운 것을 찾고 그것만을 따라다닙니다. 진리도 새로운 것, 복음도 새로운 것, 설교도 새로운 것만 찾아다닙니다.

사실 새로운 것들이 어디 있습니까? 저는 설교자로서 이런 생각을 해봅니다. '예수님이 오늘날 오셔서 설교하시면 어떻게 하실까?' 예수님께서 일 년 설교하시면 더 이상 설교할 게 없으실 것 같습니다. 복음은 2천 년 전의 사건입니다. 예수 그리스도의 사건이요 그가 전하신 말씀뿐이지, 새로운 게 아닙니다. 그런데 사실은 그것이 새로운 것입니다. 그것만이 영원히 새로운 것입니다. 그 외의 것은 그냥 있다가 없어지는 것뿐입니다. 그런데 자꾸 새로운 것을 향하여 좇아갑니다. 이것은 구도자의 마음입니다. 그러다보니 형식적인 종교생활을 하다가 끝나게 됩니다.

셋째는 가시떨기에 떨어졌다는 것입니다. 22절에서는 이렇게 말씀합니다. "가시떨기에 뿌려졌다는 것은 말씀을 들으나 세상의 염려와 재물의 유혹에 말씀이 막혀 결실하지 못하는 자요." 오직 한 마음으로 하나님만을 찾고 그 말씀을 받아들여야 되는데, 두 마음을 품고 받아들이는 것입니다. 하나님과 내가 같이 있습니다. 그러다보니 세속적인 신앙생활을 하게 되고, 말씀이 말씀 되지 못합니다. 그래서 하나님을 찬양하며 하나님의 영광을 생각하면서도 나의 영광에 집착하게 됩니다. 세상에서의 부와 영광과 성공과 내 뜻이 성취되는 것, 이것이 하나님의 역사를 가로막게 되는 것입니다. 그러니 복을 받았는데 누리지를 못합니다. 항상 천국 근처에만 있습니다. 천국을 맴돌 뿐, 한 번도 들어가지를 못하는 것입니다. 그리스도인은 천국에 들어간 사람인데, 그 안에서 그 마음으로 오늘을 살아야 하는데, 가까이만 있습니다. 참으로 비극적인 일입니다.

넷째는 좋은 땅에 떨어진 것입니다. 23절에서 말씀합니다. "좋은 땅에 뿌려졌다는 것은 말씀을 듣고 깨닫는 자니 결실하여 어떤 것은 백 배, 어떤 것은 육십 배, 어떤 것은 삼십 배가 되느니라." 풍성한 열매를 맺는다는 것입니다.

생각해 보십시오. 하나님의 말씀으로 천지가 창조되었습니다. 그 말씀이 내게 들리고 임했는데 어떻게 역사가 나타나지 않을 수 있겠습니까? 복음은 항상 역사를 일으키고 풍성한 열매를 맺게 합니다. 하나님의 말씀을 들었기 때문입니다. 사람의 말이나 사람의 글로 본 것이 아니라, 그 성경 말씀 안에서 하나님의 말씀을 직접 들은 것입니다. 그러니 깨달음과 충격과 놀람이 있습니다. 믿고 받아들이고 순종할 수밖에 없습니다. 그 사람은 이 말씀을 누리며 살아갑니다. 하나님이 주신 복을 누리며 살아가는 것입니다.

하나님이 주신 복은 우리가 죽어 천국에서만 누리는 것이 아닙니다. 이미 우리 안에서 시작된 것입니다. "하나님 나라는 의와 평강과 희락이니라." 이것은 천국에서만 누리는 것이 아닙니다. 오늘 누려야 되는 것인데, 누리지를 못한다면 지금 잘못된 신앙생활을 하는 것입니다. 예수 그리스도와 연합할 때에만 복음의 역사가 우리에게 나타납니다. 이것이 성령의 역사입니다. 우리 안에 변화가 시작되고, 우리를 통해 열매가 나타나는 것입니다. 그래서 거듭난 사람은 새 사람이라고, 새 마음을 가진 사람이라고 말합니다.

복음에 순종하며 증인으로 사는 삶

중국의 고사를 하나 전해드리겠습니다. 중국 제나라의 환궁이라는 사람이 유랑을 하며 곽나라의 옛 성터를 지나가게 됐습니다. 그 나라는 이미 망해서 폐허가 된 곳입니다. 거기에 한 사람이 있어 물었습니다. "곽나라 사람들은 과거에 어떠했습니까?" 그 질문을 들은 사람이 이렇게 말했습니다. "그들은 선을 좋아하고, 악을 미워했던 사람들입니다."

그 말에 환궁이 깜짝 놀랐습니다. 그러면서 다시 물었습니다. "아니, 그런데 어떻게 그런 민족이 망할 수가 있습니까?" 그때 그 사람은 이렇게 답했습니다. "그들은 선을 좋아했으나 선을 실천하지 않았고, 악을 미워했으나 악을 제거하지 못했습니다. 그래서 망한 것입니다."

성도 여러분, 하나님의 말씀과 복음을 듣고 믿는 자가 그 복음에 순종하지 않고, 복음의 증인으로 살지 못한다면 복음의 역사가 어찌 나타날 수 있겠습니까? 우리는 예수 그리스도 안에서 그분이 전하신 하나님 나라 복음을 듣고 믿음으로 천국 백성이 되었습니다. 그러므로 우리 안에 그 복음적인 생각과 방식이 살아 역사하여 나를 끌어가야 합니다. 그 외에 열매맺는 길은 없습니다.

무엇보다도 좋은 땅, 즉 열매 맺는 마음이 지속되어야 합니다. 지속되지 못하면 돌밭과 가시떨기가 되고 맙니다. 거듭남의 역사는 성령께서 일으키신 사건입니다. 중생은 놀라운 하나님의 역사입니다. 복음을 믿음으로 시작되었습니다. 그러나 이제 그 마음을 지속하는 것은 나의 책임입니다. 오직 믿음으로 가능합니다. 그 복음이 나를 하나님의 자녀로 천국 백성 되게 하였으니 그 복음이 나를 끌어가야 됩니다.

이것은 저절로 되지 않습니다. 의지적으로 선택해야 됩니다. 하나님의 말씀을 듣기에 힘쓰고, 들은 말씀을 내 안의 마음에 새기고, 말씀에 순종하며 천국 복음을 깊이 묵상해야 합니다. 그래야 내 생각과 삶이 변화되고, 내 입술과 귀와 마음이 열리기 시작합니다. 그런데 복음이 우리 안에 충만하지 못하면 다른 것으로 충만하게 됩니다. 온갖 세상 것들과 옛사람의 본성에 이끌려 점점 나빠지게 됩니다. 하나님을 찾으면서도 삶은 하나님과 동떨어진 곳으로 자꾸 가는 것입니다. 그리고 자꾸 이런 얘기나 합니다. "마음은 원이로되 육신이 약하여." 이것은 하나님이 우리를 불쌍히 여기시는 마음이고, 우리의 마음은 오직 예수 그리스도와 복음으로 향해야 합니다.

성도 여러분, 그리스도인의 열매는 소유에 있지 않습니다. 그것은 없어질 것입니다. 그것 들고 천당 못 갑니다. 오히려 그게 방해물이 될 수 있습니다. 그리스도인이 소유할 것은 말씀입니다. 복음을 우리에게 주셨습니다. 그게 내 소유입니다. 그걸 믿고 그 안에서 살아갈 때 복음의 열매가 맺힙니다. 그 열매만이 진정한 그리스도인의 영원한 소유가 됩니다.

하나님의 주권 아래 있음을 인정하는 믿음

『천로역정』의 저자 존 번연 목사님은 1660년부터 1672년까지 베드포드 감옥에서 복역했습니다. 복음을 증거했다는 이유로 억울하게 옥살이를 했습니다. 그는 옥 안에서 많은 고통을 받았습니다. 그러나 그 속에서 『천로역정』이라는 위대한 작품을 쓰게 됩니다.

그는 이미 그곳에 가기 전에도 위대한 하나님의 사람이었습니다. 그러나 그 감옥에서 한 그의 신앙고백을 들어보시기 바랍니다. "일생동안 지금처럼 하나님의 말씀에 깊이 들어가 본 적이 없다. 평소에는 그냥 지나쳤던 말씀이 감옥 안에서 내게 빛을 비춰준다. 예수 그리스도가 지금처럼 내게 현실로 분명하게 다가온 적이 없었다. 이곳에서 나는 그분을 보았고, 그분의 존재를 느낄 수 있었다. 내가 본 것은 도저히 말로 표현할 수 없다. 하나님께서는 자비로우셔서 고통을 느끼지 않게 하시고, 성경 하나로 역경을 이기도록 강건케 하신다. 더 큰 위로를 받기 위해 더 큰 시련을 달라고 기도해도 될까?"

거듭난 그리스도인과 천국 백성은 이제부터 원하든 원치 않든, 내가 직면한 모든 사건이 하나님의 주권 아래 있어야 될 일인 것을 믿어야 합니다. 그것이 시련이든 고통이든, 질병이든 역경이든, 실패든 박해든 간에 하나님은 하나님의 자녀와 함께 하신다고 약속하셨습니다. 그 사건을 통해서 나로 하여금 풍성한 열매를 맺게 하시고, 하나님의 말씀이 들리게 하시는 놀라운 역사가 일어나고 있는 것입니다. 하나님과 더 바른 관계를 맺고, 그리스도와 연합한 자로 점점 가까이 가고, 성령의 사람으로 변화되는 것은 그 사건이 나타나기 위해 필요한 일임을 알아야 합니다. 하나님께서는 하나님의 자녀를 통하여 역사하시며, 반드시 복음의 씨가 열매를 맺게 인도하시기 때문입니다.

성도 여러분, 지금 천국을 갈망하며, 하나님 나라와 하나님의 의를 매일매일 먼저 구하며 오늘을 살아가십니까? 여러분의 마음속에 하나님의 복음이 충만하여 그 복음에 이끌리어, 그 복음을 증거하고 찬송하며 오늘을 살아가십니까? 오늘 하나님 나라의 의와 평강과 희락을 체험하며, 참으로 기뻐하고 만족하며 하나님과 동행하는 삶을 갈망하며 오늘을 살아가십니까? 그 사람은 복 있는 사람입니다. 그 사람은 항상 성경 안에서 하나님의 말씀을 들을 것입니다. 말씀을 찬양하고, 말씀에 이끌려 오늘을 살아가는 새로운 삶이 고백될 것입니다. 하나님께서는 그 사람을 통하여 하나님의 뜻을 이루시고, 복음의 역사를 일으키시며 풍성한 열매를 맺으십니다.

기도

전지전능하신 은혜의 하나님, 오직 예수 그리스도 안에서 하나님의 복음을 듣고 믿음으로 하나님의 자녀가 되게 하시어 그 놀라운 은혜의 역사 속에 하나님의 말씀을 들으며, 그 말씀을 기뻐하며, 말씀에 이끌리어 열매 맺는 삶을 살게 해주심을 진심으로 감사드립니다. 그러나 옛사람의 본성에 이끌리어 이기적인 탐심과 욕망으로 하나님의 말씀을 가로막고 살아가며, 세상 중심, 소유 중심의 삶 가운데 하나님의 영광을 가로막고 살아 어떠한 신앙의 열매도 맺지 못하고, 좌절하고 낙심하며 형식적인 신앙생활을 하는 죄인을 불쌍히 여겨주시옵소서. 성령이시여, 우리 안에 복음의 씨가 심어졌음을 믿음으로 고백하며, 이미 우리 안에 새 마음, 옥토가 주어졌음을 마음으로 체험하고 인식하여 참으로 복음의 역사가 우리 안에 나타나며, 복음에 이끌리어 말씀 중심의 삶으로 하나님께 영광 돌리는 영화로운 삶을 살아갈 수 있도록 함께하여 주시옵소서. 우리 주 예수 그리스도의 이름으로 간절히 기도드리옵나이다. 아멘.

03

추수 때까지
함께 두라

예수께서 그들 앞에 또 비유를 들어 이르시되 천국은 좋은 씨를 제 밭에 뿌린 사람과 같으니 사람들이 잘 때에 그 원수가 와서 곡식 가운데 가라지를 덧뿌리고 갔더니 싹이 나고 결실할 때에 가라지도 보이거늘 집 주인의 종들이 와서 말하되 주여 밭에 좋은 씨를 뿌리지 아니하였나이까 그런데 가라지가 어디서 생겼나이까 주인이 이르되 원수가 이렇게 하였구나 종들이 말하되 그러면 우리가 가서 이것을 뽑기를 원하시나이까 주인이 이르되 가만 두라 가라지를 뽑다가 곡식까지 뽑을까 염려하노라 둘 다 추수 때까지 함께 자라게 두라 추수 때에 내가 추수꾼들에게 말하기를 가라지는 먼저 거두어 불사르게 단으로 묶고 곡식은 모아 내 곳간에 넣으라 하리라

— 마태복음 13:24-30

추수 때까지 함께 두라

13세기 이탈리아의 탐험가 마르코 폴로가 쓴 『동방견문록』
이라는 책에 나오는 이야기입니다. 마르코 폴로는 인도의 마
발 지방의 시장을 둘러보던 중에 악마의 동상을 하얗게 칠하
는 어떤 도공을 발견합니다. 예나 지금이나 천사와 선한 것은
흰색으로 칠하고, 악마와 악한 것들은 검은색으로 칠하여 대
비하는 것이 일반적인데, 이 도공은 반대로 악마를 하얗게 칠
하고 있는 것이었습니다. 그 이유가 궁금해서 마르코 폴로가
도공에게 물었습니다. "악마를 하얀색으로 칠하는 이유가 있
으십니까?"

그 도공은 이렇게 대답했습니다. "악마가 악마인 이유는 자신이 악마라는 사실을 숨기기 때문입니다. 악마는 하얗게 우리에게 다가와서 그럴싸한 말로 악을 선이라고 속입니다. 그 말에 넘어가는 사람들은 악마와 같이 죄를 짓고, 그제야 악마는 자신의 모습을 그들에게 나타냅니다." 깊이 생각해 보시기 바랍니다.

눈에 보이는 것에만 집착하는 사람들

성경 말씀 안에는 사탄의 존재와 활동에 대한 기록이 수없이 나타나 있습니다. 영적인 사건들이 엄청나게 많이 기록되어 있습니다. 예수님도 많은 장소에서 영적인 존재와 사건들에 대해 언급하셨습니다. 성도 여러분, 영적인 존재와 활동에 대하여 얼마나 믿고 인식하며 오늘을 살아가십니까? 아주 중요합니다. 오늘 이 시대에, 특별히 21세기에 가장 큰 문제가 바로 여기 있습니다. 영적인 존재와 활동을 믿지 않는다는 것입니다. 과학기술의 발달로 인해서 눈에 보이지 않는 것은 믿으려 하지 않으며, 또 이에 대해서 무지합니다. 심지어 교회 안에서도 이와 같은 일들이 많이 벌어집니다.

대신 눈에 보이는 사람에게 집중합니다. 사람의 행복과 성공에 대해서, 사람의 활동에 대해서 집중합니다. 또한 세상에 대한 이야기에 깊은 관심을 가집니다. 한마디로 보이는 사건에만 매달립니다. 보이지 않는 것에 대해서는 무지한 상태로 무감각하게 살아갑니다. '나는 이성적인 사람이다. 나는 지적인 사람이다. 나는 교양 있는 사람이다.' 이렇게 생각하며 영적인 것에 대해서는 언급을 꺼립니다.

교회의 부패와 위기는 바로 여기서부터 시작됩니다. 교회는 영적인 곳입니다. 삼위일체 하나님의 역사가 일어나는 곳이며, 그 하나님의 말씀을 듣는 영적인 사람들의 공동체가 바로 교회입니다. 그런데 영적인 존재와 활동에 대해서 교회조차도 자꾸 멀리하며, 무감각한 상태로 변질되고 있습니다.

성령의 역사를 생각해 보십시오. 성령의 역사가 없다면 거듭남의 역사도 없고, 천국에 들어가지도 못하고, 천국 진리를 믿을 수도 없고, 구원에 이르는 믿음을 가질 수도 없고, 죄 사함도 없습니다. 즉 그리스도의 몸 된 교회라는 것이 존재하지 않는 것입니다. 더욱이 사탄의 역사는 명백한 것인데도 듣지 않으려 하고, 믿지 않으려 합니다. 그런 불신앙 속에서 잘못된 신앙생활을 하며 유혹에 빠지게 됩니다.

이런 교훈적인 이야기가 있습니다. 악마가 어느 날 친구와 함께 산책을 하고 있었습니다. 그들은 길에서 여러 사람을 만났는데, 앞에 보니까 어떤 사람이 길을 가다가 갑자기 허리를 굽혀서 길 위에서 무엇을 줍는 것이었습니다. 친구가 악마에게 물었습니다. "저 사람, 지금 뭘 줍고 있는 거야?"

그러자 악마가 너무나 태연하게 대답합니다. "어, 저 사람 지금 길거리에서 진리 한 조각을 주웠어." 이 친구가 다시 묻습니다. "아니, 너는 그래도 명색이 악마 아니냐? 저 인간이 지금 진리를 주웠는데 속상하지 않아?" 그러니까 악마가 다시 대답합니다. "전혀 속상할 일 없어. 나는 저 사람이 저 진리 조각을 자신의 종교적 신조로 믿도록 내버려 둘 생각이거든."

완전한 진리가 아닌 부분적 진리를 믿고 만족하는 것은 한낱 종교생활에 불과합니다. 이것은 진정한 기독교인의 삶이 아닙니다.

성경은 역사를 통하여 명백하게 사탄의 존재에 대해서 말씀합니다. 사탄은 그 목적이 하나님을 대적하고 방해하는 것입니다. 그래서 목표가 분명합니다. 사탄은 하나님의 말씀을 왜곡시킵니다. 하지만 말씀이 없다고 말하지는 않습니다. 오히려 말씀을 전합니다. 그러나 완전한 진리를 부분적 진리로 전락시켜 버리고, 믿지 않게 만듭니다. 또한 왜곡된 진리를 나타내어 인간의 마음을 진리로부터 멀어지게 합니다. 그리고 결국 참 진리이신 하나님께로부터 멀어지게 합니다. 이것이 인간의 타락입니다.

생각과 사고방식이 진리를 떠나게 하고, 잘못된 진리에 이끌려 살아가게 만드는 것입니다. 이 세상 모든 죄의 근원은 사탄입니다. 그래서 인류가 불신앙에 빠지고, 불경건한 삶을 살아갈 수밖에 없는 것입니다. 이것이 성경의 큰 메시지입니다. 이것을 그대로 받아들이고 인식하며 오늘을 살아가야 합니다.

하나님의 사람 에이든 윌슨 토저의 유명한 선언이 있습니다. "사탄은 누구보다 탁월한 신학자이지만, 여전히 사탄이다." 사탄은 어느 누구보다도 성경을 잘 이해하고, 잘 설명하고, 감동을 주고, 하나님을 인용합니다. 따지고 보면 하나님을 제일 잘 아는 것이 사탄입니다. 신약성경에도 보면 예수님을 제일 먼저 알고, 제일 확실하게 아는 자가 마귀입니다. 그런데도 하나님을 거역하며 순종하지 않습니다. 그러니 그냥 사탄일 뿐입니다.

오늘도 보십시오. 성경이 있고, 말씀이 선포되고, 예수님이 증거되지만 왜곡되었습니다. 온전한 복음이 나타나지 않습니다. 그럼에도 불구하고 감동받고 아멘으로 응답합니다. 그렇게 잘못된 신앙생활로 살아갑니다. 이 원인이 사탄에게 있다는 것입니다. 그래서 성경은 사탄을 이렇게 정의합니다. '광명의 천사로 가장했다.' 머리에 뿔이 나고 무섭게 생긴 것이 사탄이 아닙니다. 눈에 보이는 겉모습은 오히려 선하고, 고귀하고, 인자하고, 사랑을 베푸는 광명의 천사입니다. 그런 모습으로 사탄은 우리에게 다가옵니다.

실제로 신구약 성경을 보십시오. 얼마나 많은 거짓 선지자들과 거짓 사도들이 기록되어 있습니까? 이것은 실제 사건입니다. 그래서 오늘도 보면 수많은 가짜 목사들과 신학자들과 교인들이 있습니다. 대표적으로 번영의 복음이 온 교회를 휩쓸고 있습니다. 예수님을 찬양하고, 하나님을 기쁘시게 하고, 전도하고 봉사하며 많은 것을 하지만, 그 복음이 결국 잘못되었습니다. 믿는 복음의 진리가 예수 믿고 형통하여 부와 건강을 얻고, 그리고 성공하여 모든 일이 잘되고 내 소원대로 되는 것은 결코 기독교가 아닙니다. 이것은 사탄의 강력한 역사입니다. 이것을 많은 사람들이 분별치 못하고 끌려가고 있습니다.

비유의 상징적 의미

본문에서 예수님은 천국 비밀을 우리에게 계시해 주고 있습니다. 이 말씀 속에는 천국 세계관이 들어 있습니다. '기독교인은 어떻게 살아야 하는가? 기독교인은 어떠한 세계관을 가지고 이 세상 속에서 살아가야 되는가?' 이것을 말씀해 주십니다.

'가라지 비유'라고 일컬어지는 본문 말씀을 계속 읽어보십시오. 그 말씀 그대로, 그 제목 그대로 가라지, 사탄에 관한 것입니다. 악의 활동에 대해서, 역사에 대해서 예수님이 경고해 주십니다. 그리고 잘못 이해할까봐 뒷부분 36절부터 43절까지에서 더 자세히 설명해 주십니다.

본문의 '좋은 씨'라는 것에 대해서 예수님은 이렇게 말씀하십니다. '천국 백성들을 의미한다. 좋은 씨를 뿌린 사람은 예수 그리스도요, 밭은 세상이다. 가라지는 악한 사람들이다. 하나님을 거역하고 대적하는 사람들이다. 원수가 누구냐? 마귀다. 사탄이다.' 이 세상 속에는 영적 충돌, 영적 전쟁이 항상 일어나고 있다는 것을 우리는 알아야 합니다. 이것이 예수님이 보시는 세계관이었습니다.

예수님은 광야에서 마귀에게 시험을 받으셨습니다. 마귀는 예수님까지 흔들어버립니다. 예수님께서는 가장 사랑하시는 제자 베드로를 향하여 말씀하십니다. "사탄아 물러가라!" 왜냐하면 그가 십자가의 길과 하나님의 뜻을 막고 있기 때문입니다. 비록 베드로가 예수님을 위해서 그런 처참한 죽음을 당하시면 안 된다고 이야기했지만, 그것은 하나님을 거역하는 일이었습니다. 예수님은 베드로 안에 있는 사탄을 보신 것입니다. 베드로가 아닌 베드로 속에 있는 나쁜 영의 활동을 보고 말씀하십니다. "사탄아 물러가라!"

특별히 교회는 영의 역사가 강력하게 나타나는 곳입니다. 삼위일체 하나님의 역사가 나타나는 곳이기 때문에 반대로 사탄의 제일 좋은 공격 대상이 됩니다. 이걸 막아야 되니까 교회 안에 가장 강력한 사탄의 역사가 나타납니다. 이런 영적 인식이 없다면, 영적 활동에 대해 무지하다면 유혹받아 실족하고 맙니다. 결국 잘못된 신앙생활을 했음을 마지막에 가서 깨닫고, 참으로 자신의 인생을 후회하게 됩니다.

본문에 나오는 '가라지'가, 이 악한 것이 어떻게 생겨난 것입니까? 사탄이 했다고 말씀합니다. '사탄이 가라지를 뿌렸다. 이 세상에 뿌렸다.' 그대로 믿으십시오. 그 이유는 천국 백성을, 곡식을 망치기 위함입니다. 주의 종들은 천사들인데, 이들이 왜 가라지를 뽑으려고 합니까? 나쁜 일이니까 뽑고 싶은 것입니다. 그런데 그 일이 하나님 나라 일을 방해하는 것이 됩니다. 천국 백성을 실족시키는 일이 된다는 것입니다. 그만큼 사탄이 교활하다는 것입니다. 이것을 비유를 통해서 우리에게 계시해 주십니다.

악의 기원과 악에 대한 대처

본문에는 두 가지 질문이 나옵니다. 인류 보편적 질문입니다. 특별히 모든 그리스도인의 질문입니다. 첫째 질문은 이것입니다. '가라지가 어디서 생겼는가? 악의 기원이, 도대체 악이 어디서 나타난 것인가?' 이것은 우리 모두의 질문입니다. 둘째는 '악에 대한 대처'입니다. '우리가 어떻게 할까요? 이거 뽑아버릴까요?' 예수님께서 이 보편적 질문에 대한 진리를 말씀해 주십니다.

첫째 질문에 대해서는 이렇게 말씀하십니다. '원수가 이렇게 하였도다.' 이 밭에, 이 세상에 가라지를 누가 뿌린 것입니까? '사탄인 원수가 이렇게 하였다.' 이것이 답입니다. 실제로 사탄과 마귀의 활동이 없다면 세상에 악은 없는 것입니다. 우리는 수많은 악한 행위들, 악의 역사를 항상 보면서 살아가는데, 이것을 사람들이 모여서 제도를 바꾸고, 개혁하고, 인간의 지식과 능력으로 시스템을 바꿔보는 것으로는 부족합니다. 그래서 세상은 갈수록 더 나빠지는 것입니다. 점점 더 악한 일이 많아지는 것입니다. 이것은 바른 대처 방법이 될 수 없습니다. 세상에 있는 이 모든 악한 일들은 우연이 아니라 다 사탄의 역사입니다.

그런데 분명히 할 것은 이것이 사람의 문제가 아니라는 것입니다. 예수님께서 말씀하십니다. '이것은 원수가 하였다. 사탄이 인간의 마음속 생각을 바꾸고, 나쁜 생각을 주고, 사고방식을 삐뚤어지게 해서 이와 같은 일을 했다.' 그런고로 해결책이 무엇입니까? 인간의 지혜와 능력으로는 해결이 안 됩니다. 세상은 영적 무감각과 무지 속에 살아가니까 그걸 모릅니다. 그러나 그리스도인은 압니다. 성경을 통해서 아는 것입니다. 오직 예수 그리스도가 아니면 어느 누구도 이 사망과 죄와 사탄의 권세에서 벗어날 수 없습니다. 그것을 우리는 구원이라고 말합니다. 구원받았다는 것입니다. 비로소 영적인 존재가 된 것입니다. 그리고 영적인 분별력을 갖게 되었습니다. 실제 이 세상 속에 거짓 목회자와 신학자, 거짓 교회, 거짓 복음, 거짓 그리스도인들이 너무 많습니다. 왜 이런 일이 발생합니까? 하나님이 살아 계시고 성령이 역사하시는데 왜 이런 일이 일어나고 있습니까? 성경은 답합니다. '원수가 이렇게 하였도

다. 사탄이 이렇게 하였다.'

예수 믿는다는 것은 무엇인가?

저는 많은 사람을 만나면서 복음을 전하는데, 특별히 다른 교회의 교인들을 만날 때는 꼭 이 질문을 합니다. "예수 믿는다는 게 무엇입니까? 몇 십 년 동안 믿고, 봉사도 하고, 선교도 하는데, 도대체 예수 믿는다는 것이 무엇입니까?" 많은 분들이 쉽게 대답을 하지 못합니다. 그래서 제가 먼저 답을 합니다. "예수 믿는다는 것은 예수님이 전하신 천국 복음을 믿는다는 것이요, 천국에 들어가는 것입니다." 그러면 무슨 얘기가 나오는지 아십니까? "아, 그거요. 그냥 교회 다니면 천국 가는 거 아닌가요?"

도대체 성경 어디에 그런 말씀이 있습니까? 예수님은 분명히 말씀하셨습니다. '거듭나지 않으면 결단코 천국에 들어가지 못한다. 돌이켜 어린아이와 같이 되지 않으면 결단코 천국에 못 들어간다.' 이제 다시 묻습니다. "당신은 거듭나셨습니까? 어린아이와 같은 마음으로 순종하며 살아가십니까?" 이렇게 물어보면 아무 말도 못합니다. 그러다 조금 있으면 질문이 바뀝니다. "목사님, 저 어떻게 해야 천국 들어갑니까?" 지금 이런 질문을 하는 사람은 다 교회에 몇 십 년을 다니며 봉사하고, 세상에서는 교양 있고 성공하신 분들입니다. 왜 이런 일이 벌어지는 것입니까? 답은 하나입니다. 사탄이 우리 안에 가라지를 뿌려 놓았고 또 계속해서 가라지를 뿌려 놓기 때문입니다.

가짜는 빠르게 성장합니다. 제가 요즘 체험하는 것이 있습니다. 에덴낙원에 잡초가 왜 이렇게 빨리 자라는지, 전에는 몰랐는데 비만 한번 오면 부쩍부쩍 자랍니다. 그걸 보고 이 비유가 생각났습니다. 정말 세상에서 가짜는 빨리 자라나고 빨리 성장합니다. 세상에서 이단들과 다른 종교들도 엄청나게 빠르게 성장합니다. 지금 역사에서 가장 빠르게 성장하는 것이 바로 이슬람입니다. 놀랄 것이 없습니다. 사탄이 역사해서 그런 것입니다.

같은 이유로 교회가 병드는 것 또한 '성장' 때문 입니다. 성장을 위해 교회에서 별짓을 다합니다. 해서는 안 될 일까지 합니다. 오직 내 교회에만 많이 모이면 되는 것입니다. 무슨 이벤트, 프로그램을 만들어내는데, 제가 제일 마음에 안 드는 게 버스 운행하는 것입니다. 주님의 교회라면서 왜 자기들이 다 쓸어 모읍니까? 사탄이 뿌린 가라지에 넘어가는 것입니다.

교회의 본질인 거듭남, 그리고 부흥

교회의 본질은 거듭남입니다. 이걸 부흥이라고 합니다. 다시 사는 것입니다. 새롭게 살아가는 것입니다. 부흥, 그것은 거듭남입니다. 거듭남이 일어나고 있느냐가 핵심이지 그 외에는 아무것도 아닙니다. 예수님께서 두 번째 질문의 답을 주십니다. "추수 때까지 함께 자라게 두라." 이 악을 제거할지, 가라지를 뽑을지에 대해 물었을 때 대답해 주십니다. "아니, 추수 때까지 함께 두어라." 이것이 바로 기독교의 세계관입니다.

그러나 세상에서는 어떻습니까? 세상의 세계관은 뽑으려 합니다. 가라지를 뽑아야 선한 세상이 될 것 같기 때문입니다. 그런데 그것은 대상이 누구인지 몰라서 그러는 것입니다. 대상이 사람이 아니라 그 속에 있는 악한 영인데 말이지요. 그러니 얼마나 교활합니까? 그러다가 다 망하는 것입니다. 원수는 갚아야 되고, 원한은 꼭 복수해야 정의가 일어나는 것 같습니다. 하지만 이는 다 망하는 길입니다. 미래가 없고 평화가 없습니다. 다시 하나님의 말씀으로 돌아와야 합니다. 지금 악을 방치하자는 것이 아닙니다. 나 스스로 악을 정죄하고 심판하지 말라는 것입니다. 왜냐하면 우리 모두에게는 한계가 있습니다. 선악을 분별할 완전한 지식이 없습니다. 왜 그런 일이 있고, 그 사람의 상황이 어떻고, 그 마음이 무엇인지 알 길이 없습니다. 하나님과 그만이 아는 것입니다.

더 큰 문제가 있습니다. 선한 사람이 악한 사람을 이기는 것 보셨습니까? 절대 못 이깁니다. 성경이 말씀해 주는 것입니다. 선한 사람은 절대 악한 사람을 이길 수 없습니다. 만일 이겼다면 그 사람이 더 악해진 것입니다. 더 악한 방법이 아니면 절대 악한 사람을 상대해서 이기지 못합니다. 선을 행하다가 구렁텅이로 빠져들어 가게 됩니다. 같이 말려드는 것입니다. 그래서 "그냥 두라!" 말씀하시는 것입니다. 악은 미워해야 되지만 사람은 미워하면 안 되는데, 지금은 영적 세계를 못 보고 사람 자체를 미워하고 정죄합니다. 하지만 이것은 우리의 몫이 아닙니다. 그 속에 사탄이 역사하는 것을 보아야 합니다. 그렇게 되면 그를 불쌍히 여기게 됩니다. 어떻게 인간이 되어서 짐승만도 못한 이런 짓을 하고 사는지 의아한 경우가 있습니다. 그런데 우리가 그 속에 있는 악한 영의 활동을 성경을 통해서 보게 될 때, 불쌍함을 느끼고 그를 위해서 기도하게 됩니다. 그래서 하나님께서 말씀하십니다. '그냥 두어라. 추수 때까지 두어라.'

악의 허용과 하나님의 경륜

무엇보다 중요한 것은 하나님께서 악을 허용하셨다는 것입니다. 성경을 보면 항상 질문이 '아니 어떻게 하나님께서 악을 허용하실까?'라고 나옵니다. 그러나 하나님의 경륜을 우리는 다 이해할 수 없습니다. 그러니 기록된 대로만 받아들여야 합니다. 그러면 그 속에서 더 큰 지혜를 얻습니다. 분명한 것은 하나님께서 악을 주의 막대기로 쓰신다는 것입니다. 참 그런 사건이 많습니다. 구약에 보면 바벨론의 왕 느부갓네살은 악한 자입니다. 하나님을 거역하는 자입니다. 우리가 생각하면 이스라엘 사람보다 그 사람이 더 악할 것 같지만, 하나님께서는 그 사람을 왕으로 만들어 놓으시고 그를 통해 이스라엘을 징계하십니다. 왜입니까? 하나님을 떠난 백성을 돌아오게 하시기 위해서, 회개하게 하시기 위해서, 깨우치게 하시기 위해서입니다.

그런데 보십시오. 느부갓네살은 막대기로 쓰고 버리시지만, 주께서 택하신 백성은 회개하여 하나님께 다시 돌아오게 만드십니다. 이것이 하나님의 경륜의 역사입니다. 십자가를 보아도 거기에 조연들이 얼마나 많습니까? 대제사장들, 바리새인들, 더욱이 가룟 유다 등 하나님께서는 악을 허용하신 것입니다. 비록 그 잘못은 인간에게 있지만, 그 속에서 하나님은 자신의 뜻을 이루어 나가십니다. 선악은 이 세상에 항상 공존하는 것입니다. 그리고 그 속에서 우리는 살아가고 있습니다.

이런 지혜로운 이야기가 『탈무드』에 나옵니다. 노아의 홍수 때 모든 동물들이 방주로 들어옵니다. 그때 선도 함께 따라 들어왔는데, 노아가 "너는 안 돼!" 하고 막았습니다. 왜냐하면 하나님께서 짝을 이루라고 하셨기 때문입니다. 그래서 선이 급히 숲 속에 들어가서 짝을 찾아 데려왔는데, 그게 악이라는 것입니다. 그래서 선이 있는 곳에는 항상 그 짝인 악이 있는 것입니다. 이것은 하나님의 경륜 속에 허락된 것입니다.

선이 있는 곳에는 반드시 악이 함께 있습니다. 그렇지 않으면 사탄이 없는 것입니다. 우리는 그 속에서 살아갑니다. 그런데 이 선과 악의 공존은 추수 때까지입니다. 이 추수는 예수님께서 말씀하시기를 '하나님의 심판 때까지'입니다. 그때까지만 허용되는 것입니다. "그때까지 그냥 두어라!" 하나님의 심판은 반드시 이루어집니다. 이것은 하나님의 진노입니다. 심판받아 지옥에 가는 것입니다. 성경이 이렇게 분명히 말씀하는데 정작 교회는 심판, 하나님의 진노, 그리고 지옥과 같은 말을 거의 안 합니다. 그런데 이 하나님의 공의가 이루어질 때 구원과 심판이 나타나고 불의한 자를 벌하시는 분이 거룩하신 하나님이시요 공의로우신 하나님이심을 어떻게 말하지 않을 수 있겠습니까? 지옥이 없으면 천국도 없습니다. 반면에 천국이 있으면 지옥도 있는 것입니다. 중요한 것은 하나님의 최종 목적과 관심입니다. 본문에도 나타났듯이 하나님은 가라지에 관심이 없으십니다. 하나님의 궁극적인 목적은 곡식에 있습니다. 하나님의 백성에게, 다시 말해 천국 백성에게 있습니다. 그래서 그 백성이 백성 되게 하시기 위해 함께 두라고 말씀하십니다.

믿음 안에 날마다 새로운 그리스도인의 삶

소돔과 고모라에 하나님의 심판이 임했습니다. 이것은 너무나 유명한 사건으로 널리 알려져 있습니다. 왜 이런 일이 있는 것입니까? 죄 때문이지만, 핵심은 그 속에 의인 열 명이 없었다는 것입니다. 아니, 한 명도 없었다는 것입니다. 하나님께 인정받은 롯과 그의 가족들만 꺼내놓고 심판하셨습니다. 중요한 것은 내가 누구냐는 것입니다. 나는 정말 천국 백성입니까? 나는 하나님으로부터 의롭다 칭함을 받는 하나님의 백성입니까? 여기에 관심을 기울여야 합니다. 그 사람은 하나님의 경륜을 알고, 성경대로 영적 전쟁을 보면서 영적 분별력을 가지고 하나님의 역사를 증거하고 기뻐하며 오늘을 살아갑니다. 그래서 천국 백성은 절대로 낙심하거나 절망하지 않습니다. 이 일 가운데 하나님의 역사가 일어나기 때문에 아무리 악이 형통하고 잘된다 할지라도 그 결말을 알고 있습니다. 하나님 은 살아 계시고 역사하시며 공의로우신 분이기 때문에, 천국 백성은 유혹에 빠지지 않습니다. 비록 믿음이 약하여 흔들거 리고 때로는 죄 중에 살아가지만, 천국 백성은 절대 믿음을 잃 지 않습니다. 오히려 그 속에서 굳센 믿음의 사람으로 변화되 어 갑니다.

어느 중세의 수도원에서 있었던 일입니다. 많은 수도자들 이 하나님께 봉사하고, 하나님을 묵상하며, 하나님의 일을 하 려고 수도원으로 들어왔는데 얼마 안 되어 자꾸 떠나는 것입 니다. 한 수도사가 너무 마음이 아파서 떠나는 사람들을 붙들 고 말려봤지만 소용이 없었습니다. 그래서 원장님께 달려가서 말합니다. "원장님, 제발 말려주세요. 왜 가만히 계십니까?" 그랬더니 수도원 원장이 참으로 지혜로운 이야기를 풀어 놓 습니다.

"자네, 생각해 보게. 사냥꾼이 수많은 사냥개를 풀어 토끼 를 잡으러 갔네. 그때 토끼를 맨 처음 본 사냥개는 열심히 그 토끼를 쫓아가지. 그럴 때 토끼를 보지 못한 사냥개들도 막 쫓아간다네. 그러나 많은 장애물이 있고, 위험이 있고, 힘들면 다 멈추고 되돌아가기 마련이지. 하지만 그중에서 눈으로 똑바로 토끼를 본 사냥개는 절대 포기하지 않고 끝까지 토끼를 쫓아간다네. 이제 알겠나?" 그러자 이 수도사는 말없이 나왔답니다.

성도 여러분, 정말 내가 예수 그리스도를 나의 구주로 영접하고 예수님 안에서 성령의 역사를 체험하고 예수 그리스도 안에서 하나님을 만났다면, 정말 하나님만을 소망해야 된다는 것을 알고 그렇게 살아간다면 악에 빠지지 않습니다. 잠깐 흔들릴 수는 있다 한들 절대 믿음을 저버리지는 않습니다. 하나님께서 그렇게 하실 것입니다. 그리스도인은 천국 복음을 믿음으로써 거듭난 자입니다. 그는 영적으로 새로워졌기에 영적 분별력을 갖게 되어 있습니다. 그래서 천국 복음을 계속해서 매일매일 묵상합니다. 그 묵상 중에 성령께서 우리로 하여금 영적인 세계를 보여주십니다. 천국의 안식, 영광, 능력, 지혜, 은혜, 그리고 사랑을 경험하고 천국을 바라보도록, 영적인 세계를 갈망하도록 우리를 변화시켜 주십니다.

세상은 이것을 알지 못합니다. 아무리 똑똑하고 유능해도 영적인 지혜가 없습니다. 예수님께서는 이 비유의 결론으로 마태복음 13장 43절에서 이렇게 말씀하십니다. "그 때에 의인들은 자기 아버지 나라에서 해와 같이 빛나리라 귀 있는 자는 들으라." 세상은 아무리 말씀하셔도 듣지 않습니다. 그러나 거듭난 자는 이 말씀에 아멘하며 기뻐합니다. 이것이 하나님의 승리요, 하나님의 약속입니다. 하나님은 약속대로 이 말씀을 천국 백성에게 이루실 것입니다. 천국의 약속, 기업, 영광 그대로 믿음대로 이루실 것입니다. 내가 이루는 것이 아닙니다. 하나님께서 이루실 것입니다. 그래서 그리스도인은 예수 그리스도 안에서 주의 복음을 믿음으로 이 일을 기뻐하고, 자랑하고, 찬송하고, 증거하며 오늘을 살아가게 되는 것입니다.

전지전능하신 하나님 아버지, 이 어두운 권세 속에, 캄캄한 세상 속에, 사탄의 권세 아래 살며 죄의 종으로, 세상의 종으로 살아갈 수밖에 없는 미련한 죄인이 예수 그리스도를 영접하고, 천국 복음을 믿음으로 영적 세계를 알게 하시고, 성경 말씀을 따라 영적 분별력을 가지고 삼위일체 하나님을 찬양하며, 하나님과 함께하는 삶을 살게 해주심을 진심으로 감사드립니다. 우리 주변에는 영적 존재와 활동에 대하여 무지무각하여 하나님을 떠나 살며, 자행자지하며, 한 치 앞을 바라보지 못하고 잘못된 생활을 하는 사람이 너무나도 많습니다. 주여, 우리로 하여금 그들을 깨우치게 하시고, 그들에게 주의 복음을 전하게 하시며, 영적인 세계와 실존을 주의 말씀을 따라 생각하며 증거하는 권세 있는 삶을 살아갈 수 있게 함께하여 주시옵소서. 우리 주 예수 그리스도의 이름으로 간절히 기도드리옵나이다. 아멘.

04

하나님의
나라와
환난

유대인들이 안디옥과 이고니온에서 와서 무리를 충동하니 그들이 돌로
바울을 쳐서 죽은 줄로 알고 시외로 끌어 내치니라 제자들이 둘러섰을 때
에 바울이 일어나 그 성에 들어갔다가 이튿날 바나바와 함께 더베로 가서
복음을 그 성에서 전하여 많은 사람을 제자로 삼고 루스드라와 이고니온
과 안디옥으로 돌아가서 제자들의 마음을 굳게 하여 이 믿음에 머물러 있
으라 권하고 또 우리가 하나님의 나라에 들어가려면 많은 환난을 겪어야
할 것이라 하고

– 사도행전 14:19-22

하나님의 나라와 환난

20세기 미국 뉴욕에서 대표적인 지식인으로 불리는 유대인 랍비 헤럴드 쿠시너의 이런 체험담이 있습니다. 많은 사람들의 존경을 받으며 살아가는 그에게 아론이라는 아들이 있었습니다. 이 아이는 생후 8개월부터 몸무게가 늘지 않더니, 돌이 지나고 나서부터는 머리카락이 빠지기 시작했습니다. 세살이 되던 해에 선천성 조로증이라는 진단을 받았습니다.

이 병으로 이 아이는 키가 90센티미터 이상 자랄 수 없으며, 빠르게 노인처럼 늙다가 10대에 이르면 결국 죽게 될 것이라는 판정을 받았습니다. 결국 그는 사랑스러운 아들의

14번째 생일 다음날, 아들이 자신의 눈앞에서 고통스럽게 죽어가는 모습을 지켜보아야 했습니다. 이 일을 겪기 전까지 그는 유대인 랍비로서 수많은 사람들의 고통을 들어주고 위로해 주는 사람이었습니다. 그러나 그가 자기 아들을 잃는 고통을 체험하면서 수많은 사람들이 겪고 있는 설명할 수 없는 고통이 자기 자신의 질문이 된 것입니다.

결국 그 질문은 책의 제목이 되었고, 그 책은 1981년에 발행되었습니다. 바로 『착한 사람이 왜 고통을 받아야 할까?』(*Why Do Bad Things Happen to Good People?*)입니다. 이 책에서 그는 우리가 경험하는 고통이 때때로 이해하기 힘들고 설명되기 어렵지만, 결국 시간이 흘러가면서 반드시 고통을 통하여 역사하시는 하나님의 뜻이 있다는 것을 체험하고 강조하게 됩니다. 그는 욥을 예로 들어서 '왜 내게 이런 일이 있는가?'라고 질문하지 말고, '우리는 이 고통을 어떻게 극복할 것인가?'라고 질문해야 한다고 주장합니다. '우리는 이 고통을, 나는 이 고통을 어떻게 극복할 것인가?' 이 질문과 함께 하나님의 사람들은 오늘을 살아가야 합니다.

우리의 고난을 사용하시는 하나님

저명한 목회자인 팀 켈러 박사가 쓴 『고통에 답하다』라는 책이 출간되었는데, 원제목은 『아픔과 고통 속에서 하나님과 함께 걷기』(*Walking with God through Pain and Suffering*)입니다. 이 책에서 그는 하나님이 우리의 고난을 어떻게 사용하시는지를 성경적으로 간략하게 설명합니다.

첫째, 고난은 스스로를 바라보는 시선을 바꿔 놓습니다. 분명한 것은 고난은 인간을 겸손하게 만들고, 허황된 자존심과 오만을 꺾어버립니다. 고난 속에서는 누구나 자신의 연약함을 직면할 수밖에 없기 때문입니다. 둘째, 고난은 우리의 삶의 여러 좋은 것을 대하는 우리의 태도를 완전히 바꿔 놓습니다. 역경 속을 지나야만 내가 그렇게 좋아하고 귀하게 여겼던 것들이 별 의미가 없고, 가치가 없는 것임을 비로소 깨닫게 되기 때문입니다. 셋째, 고난은 무엇보다 하나님과의 관계를 탄탄하게 만듭니다. 하나님을 향한 우리의 믿음에는 불순물이 너무나 많습니다. 그것이 고난 속에서 제거되는 것입니다. 하나님과의 사랑의 관계가 깨끗해지고 순수해지는 것은 오직 역경을 통해서뿐입니다. 넷째, 고난을 통과하지 않고는 고통스러운 누군가를 위로할 수 없습니다. 분명 고난은 우리로 치유자가 되게 하고, 슬픈 사람들을 위로할 넓은 통찰을 갖게 합니다.

성도 여러분, 예수님께서 전하신 하나님의 복음, 그 위대한 복음이 전해질 때 항상 보편적인 사건이 세상 속에서 나타납니다. 첫째가 영광이요, 둘째가 고난입니다. 항상 기억해야 합니다. 복음이 전해질 때 믿는 자에게는 하나님의 영광이 나타납니다. 그래서 천국을 바라보게 되고, 천국 진리를 깨닫게 되고, 하나님의 은혜와 사랑을 체험하게 되고, 하나님의 지혜와 능력에 대한 깨달음과 확신을 갖게 됩니다. 내가 오직 믿음으로 죄 사함 받고 천국 백성 됨을 알게 되며, 천국의 의와 평강과 희락을 깨닫고 체험하며 누리는 삶을 살게 되는 것입니다. 그런데 동시에 오는 것이 있습니다. 바로 고난과 고통입니다. 환난과 시련이 항상 함께 있는 것입니다. 하나님의 말씀이 항상 그것을 우리에게 선포하고 있습니다.

그리스도인의 삶에 따라오는 고난과 영광

예수님의 생애를 보십시오. 하나님의 아들이신 예수님께서 복음을 전하실 때 항상 능력이 나타납니다. 하나님의 영광이 나타납니다. 그래서 하나님을 찬양하고, 하나님의 은혜에 감사하는 일이 생깁니다마는, 동시에 고난과 환난과 시련과 고통이 뒤따릅니다. 믿음의 사람들도 예외가 없습니다. 믿음의 조상 아브라함을 생각해 보십시오. 그가 하나님을 믿음으로 약속의 땅을 떠났지만, 모든 것이 시련이요 역경이었습니다. 그는 하나님의 영광을 보고 기뻐했지만, 그럴수록 세상에서 많은 고통의 사건들을 겪었습니다. 모세나 다윗도 그랬고, 수많은 선지자들도 그랬고, 위대한 사도들도 그랬고, 초대 교인들도 그랬습니다.

오늘도 이런 일은 계속되고 있습니다. 그래서 오늘날 가장 큰 문제가 여기에 있습니다. 하나님을 믿고 복음을 영접한 사람들이 하나님의 말씀을 왜곡해서 영광만을 구하는 것입니다. 예수 믿고 하나님의 능력만을 구하는 것입니다. 복음적인 사람이 되고, 천국 백성이 되면 환난과 고통과 시련과 역경이 없으리라고 생각하는 것입니다. 하지만 그런 성경 말씀은 없습니다.

몇 년 전 중국에 갔을 때, 난징신학교에서 이틀 동안 중국 목회자들을 대상으로 강연을 한 적이 있습니다. 그때 그분들이 저에게 한 질문을 잊을 수가 없습니다. 그분들은 다 각기 성도 수가 5천 명, 1만 명, 작게는 2천 명 정도 되는 교회의 담임목사님들입니다. 그런데 몇몇 분들이 한 시간 동안 제게 질문을 계속 던졌습니다.

먼저 그분들은 이런 이야기를 해주었습니다. 지금 중국에 1억 명이 넘는 크리스천들이 있다고 하지만, 다 큰 병에 걸렸다는 것입니다. 그게 다 번영의 복음 때문이라는 것입니다. 그래서 병에 걸려도 병원에 안 간답니다. 기도하면 예수님께서 건강을 주실 테니까요. 그리고 공부도 안 합니다. 도무지 열심히, 성실하게 살지를 않는 것입니다. 왜냐하면 기도하면 하나님께서 번영을 주실 테니까요. 완전히 기복신앙에 빠져 있는 것입니다. 이게 어찌 기독교입니까?

그리고 이런 질문을 던집니다. "이거 잘못된 일 아닙니까?" 그래서 제가 "잘못된 것이지요"라고 했더니, 이러는 것입니다. "왜 이런 일이 있는지 아십니까? 바로 한국 기독교 때문입니다. 대형교회 목사님들이 와서 그렇게 설교하고, 또 방송을 통해서 그런 내용의 설교를 듣고 다 이렇게 돼버렸습니다. 그분들이 예수 믿으면 복 받고, 만사형통하고, 자기 소원이 이루어진다고 가르쳤습니다." 그런 것이 한국교회의 잘못이라고 해서 제가 대표로 사과했습니다. 그러면서 말씀드렸습니다. "그런데요, 이것은 각자에게 책임이 있습니다. 왜냐하면 성경이 그렇게 말씀하지 않았기 때문입니다. 십자가의 복음에 집중하면 무엇이 잘못됐고 이것이 얼마나 엉터리인지 알 텐데, 자기 편한 대로 듣고 싶은 것만 들었기 때문입니다. 그러니 결국 다 자기 책임입니다." 그랬더니 그분들이 다 인정했습니다. 복음에는 항상 영광과 고난이 함께 있다는 것을 기억해야합니다.

하나님 나라에 들어가는 길

본문의 내용은 루스드라 지역에서 일어난 사건입니다. 사도 바울이 제1차 전도여행을 가다가 마지막에 들른 곳입니다. 그곳에서 사건이 생겼습니다. 그 정황이 사도행전 14장 8절부터 18절까지에 기록되어 있습니다. 내용은 이렇습니다. 사도 바울이 그곳에서 복음을 전했는데, 그 복음과 함께 이적이, 하나님의 영광이 나타났습니다. 나면서부터 걷지 못하는 이가 벌떡 일어나 걸어 다니게 되었습니다. 그걸 보고 거기에 있던 사람들이 얼마나 충격을 받았겠습니까? 그들은 이것을 보고 사도 바울이 한 일이라고 생각했습니다. 그래서 "신이 현현하셨다! 신이 나타나셨다!" 하면서 기뻐하고 축제를 벌이며, 심지어 사도 바울에게 제사를 드리려고 하였습니다. 그러자 사도 바울은 깜짝 놀라서 필사적으로 그들을 말립니다.

그런데 시간이 얼마 지나지 않아 다른 곳에서 유대인들이 와서 사도 바울을 모함합니다. 그러면서 그 무리를 충동하니까 그들이 그 충동에 넘어가서 이제는 바울을 죽이려고 합니다. 이것이 본문의 내용입니다. 그들은 바울을 돌로 쳐서 죽이려고 합니다. 그리고 돌에 맞은 바울이 실신을 하니까 죽은 줄 알고 성 밖에 내던져 버렸습니다. 이것은 계시적인 사건입니다. 복음의 사건이 이와 같다는 것입니다. 이러한 인기는 항상 변합니다. 상황에 따라 변합니다. 그러므로 복음과 세상으로부터의 인기는 별개입니다.

위대한 사도 바울이 성령 충만하여 하나님의 복음을 전할 때 영광이 나타났고, 동시에 환난과 고통과 핍박이 있었습니다. 이 사건 속에서 사도 바울은 우리에게 귀중한 하나님의 말씀을 전합니다. 성경이 우리에게 주는 하나님의 말씀인데, 하나님 나라에 들어가는 길이 세 가지 있다고 합니다. "제자들의 마음을 굳게 하여 이 믿음에 머물러 있으라 권하고 또 우리가 하나님의 나라에 들어가려면 많은 환난을 겪어야 할 것이라 하고"(22절).

먼저 마음을 굳게 하라고 했습니다. 구원받은 그리스도인의 마음은 오직 한 마음이어야 합니다. 오직 한 분이신 여호와 하나님, 창조주 하나님, 그리고 유일한 구세주이시며 구주이신 예수 그리스도, 그 하나님을 향한 한 마음이어야 합니다. 그런데 죄인들은 여러 가지 마음입니다. 항상 마음이 흔들립니다. 내가 구원받은 줄 알고, 하나님의 자녀 됨을 알면서도 세상 속에서는 자꾸 흔들리는 것입니다. 군중심리와 같이 상황에 따라 움직입니다. 의심도 하고, 회의도 느끼며, 망각도 하고, 소홀히 여깁니다. 성공한다고 하나님 말씀 듣는 게 아닙니다. 오히려 성공하고 기뻐서 더 잊어버립니다. 실패하면 하나님을 원망하고 불평합니다. 이 세상의 변화에, 그 소식에 따라 마음이 자꾸 흔들리는 우리의 모습을 봅니다. 그래서 성경은 말씀합니다. '하나님 나라에 들어가는 길은 마음을 굳게 하는 것이다.' 오직 예수 그리스도께 마음을 고정해야 합니다. 예수님의 십자가와 부활 사건에 마음을 고정해야 됩니다. 그 마음을 갖는 것이 성령의 역사입니다.

이런 생각해 볼 만한 이야기가 있습니다. 많은 사람들이 투신자살을 해서 자살바위로 알려진 곳이 있었는데, 그 근처의 교회에서 자살을 좀 막아보고자 이런 말이 쓰인 팻말 하나를 세워놓았습니다. '어렵게 결정하셨겠지만 한 번 더 생각해 보세요.' 어느 날 많은 고통을 안고 번민하던 사람이 자살을 결심하고 그곳에 왔답니다. 그리고 긴 시간 동안 생각하다가 결국 마음을 바꾸었습니다. '아, 아니다! 나는 삶을 선택해야 한다!' 그리고 돌아서다가 그 팻말을 보았습니다. 그래서 그는 다시 한 번 더 깊이 생각하다가 결국 뛰어내렸답니다.

천국 복음에 대한 믿음

천국 시민권을 가진 그리스도인은 어떤 세상 풍조가, 어떤 시련과 역경이 내 마음을 흔들어도 곧바로 예수 그리스도께로 내 마음을 고정해야 합니다. 거기서부터 새로운 차원의 삶을 살아가게 되는 것입니다. 이어서 본문은 말씀합니다. "이 믿음에 머물러 있으라." 이 믿음뿐입니다. 이 믿음이 무엇입니까? 복음에 대한 믿음입니다. 나의 확신, 나의 신념이 아닙니다. 아무리 목회자가 얘기하고, 수많은 책이 얘기해도 그것이 아닙니다. 예수님이 말씀하신 천국 복음, 성경이 말씀한 천국 복음, 그 복음에 대한 믿음, 그것뿐입니다. 그 믿음으로 우리는 구원받는 것입니다. 선악의 문제가 아닙니다. 행위의 문제가 아닙니다. 세상에서 평가하는 문제가 아닙니다. 오직 하나님의 은혜에 대한 믿음, 하나님의 살아 계신 역사에 대한 믿음, 그 믿음으로 우리는 천국에 들어가는 것입니다.

끝으로 무엇보다 중요한 것은 이 말씀입니다. "하나님의 나라에 들어가려면 많은 환난을 겪어야 할 것이라." 이 세상 사람들은, 구원받지 못한 사람들은 받아들이기 힘든 말씀입니다. 그러나 이것은 하나님의 말씀이요, 오늘의 사건입니다. 항상 기억하십시오. 복음에는 영광과 고난이 함께하는 것입니다.

그러면 왜 많은 역경과 고통을 겪어야 합니까? 우리가 깨어 생각하고 기도하면 답을 알 수 있습니다. 성경이 주는 답은 세 가지입니다. 먼저는 세상이 악해서입니다. 세상이 하나님을 없다고 하고, 하나님을 거역하기 때문입니다. 둘째는 나의 죄와 허물 때문입니다. 내가 회개하려면 애통하는 마음이 있어야 합니다. 천국에 들어가는 믿음을 가지려면 고통과 역경이 있어야 합니다. 마지막으로 무엇보다 중요한 것은 하나님의 섭리로 인한 것입니다. 그 원인이 세상과 나에게 있지만, 전지전능하신 하나님은 그 고통과 환난 속에서 하나님의 뜻을 이루십니다.

의심하지 마십시오. 십자가의 신비가 그것을 말해 줍니다. 예수님은 아무 잘못이 없으십니다. 죄가 없으신 분입니다. 하나님의 아들이십니다. 그러나 엄청난 환난과 고통을 겪으십니다. 피를 흘리며 죽으십니다. 하나님은 그 속에서 역사하셨습니다. 그 속에서 하나님의 뜻을 이루어 구원의 길을 여신 것입니다. 분명히 기억해야 합니다. 그런고로 구원받은 하나님의 자녀는 명료하게 답을 내려야 합니다. 이 세상의 모든 환난과 고통, 내게 주어짐으로 직면해야 하는 오늘의 시련과 고통, 이 모든 것이 천국으로 향하는 길입니다.

고난의 때에 듣는 하나님의 음성

다시 한 번 생각해 보십시오. 이 세상은, 심지어 우리조차도 하나님의 말씀을 잘 안 듣습니다. 듣기는 들어도 귀로만 또는 머리로만 듣습니다. 순종하지 않습니다. 그런데 듣지 않을 수 없을 때가 있습니다. 그것이 바로 고통의 사건입니다. 안 믿는 사람도 환난과 시련 속에서는 말씀을 듣습니다. 고통의 사건 중에 음성을 듣는 것입니다. 정신이 번쩍 드는 것이지요. 그 일이 없이는 하나님의 사람이 되지 않기 때문입니다.

생각해 보십시오. 내가 병들었을 때와 건강할 때 중 어느 때 더 하나님의 말씀을 귀중히 여기고 말씀을 묵상합니까? 분명한 것은 고통 중에 있을 때입니다. 어느 인간도 하나님과 너무 멀리 떨어져서는, 그만큼 타락해서는 고통 없이 하나님께 나오지 못합니다. 이것을 분명히 알아야 합니다. 특별히 죽음의 그림자가 엄습할 때에는 세상이 얼마나 헛된 것인지를 알게 됩니다. 하나님 말씀은 안 믿어도 죽음의 사건 앞에서는 알 수밖에 없는 것입니다. 이것이 하나님의 섭리입니다. 세상이 얼마나 허무하고 잠깐 지나가는 인생인지를 알고, 이곳이 쉴 만한 곳이 못 된다는 것을 압니다. 그제야 비로소 하나님께 기도하기 시작합니다.

또한 고통과 환난은 우리로 하여금 세상에 대한 잘못된 이해를 깨끗하게 없애줍니다. 아무리 공부하고, 기도하고, 말씀대로 살아보려고 해도 안 됩니다. 시련과 역경의 사건이 있어야만 세상이 무엇인지 압니다. 더 이상 세상에 속지 않습니다. 세상을 분명히 알게 됩니다. 세상에 안주하려는 마음이 없어집니다. 세상의 허무를 드디어 깨닫게 됩니다.

그리고 고통과 환난을 통해서만 우리는 안식을 추구합니다. 영원한 안식을 갈망합니다. 예수님께서 "수고하고 무거운 짐 진 자들아"라고 하신 것처럼 정말 세상에서 역경을 겪어야만 안식을 갈망하여 예수님께 나오는 것입니다. 그렇지 않으면 안 옵니다. '나 이대로 좋은데 뭐 하러 예수님을 믿어?' 그 사람에게 감당할 수 없는 역경과 시련이 주어진다면 비록 하나님 말씀은 안 들어도 고통이 주는 사건에 귀를 기울일 수밖에 없게 됩니다.

그리스도인에게 있어서 고난의 유익

성도 여러분, 위대한 하나님의 사람 다윗, 성경에서 가장 칭찬하는 다윗의 인생 고백에 귀를 기울여보십시오. 시편 119편 67절은 유명한 말씀입니다. "고난 당하기 전에는 내가 그릇

행하였더니 이제는 주의 말씀을 지키나이다."

항상 기억해 두십시오. 위대한 하나님의 사람 다윗도 고난을 당하기 전에는 말씀을 잘 지키지 못했습니다. 지켰다 말았다 했습니다. 그런데 고난을 당하고 나니까 그 고통의 사건 속에서 하나님의 음성을 듣습니다. 이제는 '내가 말씀을 지키나이다'라고 고백합니다. 이것은 추상적인 말씀이 아닙니다. 적어도 그리스도인에게는, 구원받은 하나님의 자녀에게는 생명의 말씀이요, 신령한 사건입니다. 이런 고난이 없으면 우리는 말씀을 안 지킵니다. 고난이 있어야, 고통 속에서야 깨우쳐서 큰 지혜를 얻으며 하나님께 순종하게 되는 것입니다. 그래서 시편 119편 71절에서 다윗은 이런 결론을 내립니다. "고난 당한 것이 내게 유익이라 이로 말미암아 내가 주의 율례들을 배우게 되었나이다."

어떻게 고난과 고통이 유익이겠습니까? 그러나 유익이 됩니다. 이 고통의 사건을 통해서 내가 하나님의 사람으로 매일 변화되는 것을 알게 되는 것입니다. 이제야 하나님의 말씀을 배우게 됩니다. 예전에는 머리로만 배웠는데, 이제는 아닙니다. 방식이 달라졌습니다. 온 마음으로 받아들이게 됩니다.

하나님의 사람 욥의 위대한 신앙고백이 여기에 있습니다. 그는 하나님의 사람으로 하나님을 경외하며 의인이었다고 말했지만, 자신의 잘못이 별로 없음에도 엄청난 시련과 역경을 겪었습니다. 그 후에 그는 욥기 42장 5절에서 말합니다. "내가 주께 대하여 귀로 듣기만 하였사오나 이제는 눈으로 주를 뵈옵나이다."

지적 이해로만 생각하고 배웠는데, 이제는 주를 눈으로 본다는 것입니다. 전 인격으로, 온 마음으로 하나님을 향하고 하나님과 함께하는 삶을 고백하는 것입니다. 여기서 예외인 사람은 아무도 없습니다. 그래서 하나님의 사람 루터는 말합니다. "고난은 하나님을 이전보다 더 알아가는 길이며, 주님을 더 섬기고 닮아가는 길이다." 그의 유명한 선언이 있습니다. "십자가와 고난 없이는 어느 누구도 하나님의 말씀을 배울 수 없다. 깨달을 수 없다." 정말 그렇습니다. 예수 그리스도의 십자가와 고통의 사건을 통해서만 우리는 비로소 하나님의 말씀을, 천국 진리를 깨닫고, 나의 생명의 양식으로 삼으며, 그 말씀에 순종하며 오늘을 살아가게 되는 것입니다.

십자가와 복음으로 깨닫는 고난의 신비

19세기 최고의 시인 롱펠로우의 유명한 일화가 있어서 소개합니다. 그는 훌륭한 인격자요 많이 존경받는 인물이지만,

그 생애는 불행했습니다. 그에게는 두 명의 아내가 있었는데, 한 명은 오랜 투병 생활 끝에 죽었고 또 한 명은 큰 화재로 비참한 상황에서 고통 받으며 죽었습니다. 그런데도 그는 아름다운 시를 많이 기록해서 많은 사람들에게 큰 영감을 주었습니다.

그의 임종 때에 한 기자가 그에게 물었습니다. "그 숱한 역경과 고통 속에서 어떻게 인생의 진한 향기를 담은 작품을 쓰실 수 있었습니까? 그 비결이 무엇입니까?" 이 질문을 들은 그의 대답이 이렇습니다. 대단한 걸 말할 줄 알았는데 그는 자기 집 뜰에 있는 사과나무를 가리키더니 이렇게 말했습니다. "저 사과나무 때문입니다. 저 사과나무가 내 스승입니다. 저 사과나무는 늙은 나무지만, 해마다 향기 좋고 맛 좋은 사과를 주렁주렁 엽니다. 왠지 아십니까? 저 늙은 나무와 가지에 새순이 돋기 때문입니다."

성도 여러분, 인생에서 우리 모두는 시련과 고통과 고난을 겪습니다. 이제 그 사건을 대하는 길은 두 가지 밖에 없습니다. 자신을 고목나무처럼 생각하든지, 아니면 고목나무에 새순으로 생각하든지입니다. 그런데 그 인생의 결과는 전혀 다릅니다. 환난과 고통 속에서 저절로 깨달음을 얻는 것이 아닙니다. 절대 아닙니다. 그리스도인은 믿음으로 반복하여 십자가의 복음을 생각해야 합니다. 우리의 마음을 고정시켜야 합니다.

왜냐하면 거기로부터 우리가 그리스도인 되었기 때문입니다. 그것이 시작입니다. 그럴 때 십자가 복음 안에서 고난의 신비를 깨달으며 비로소 확증하게 됩니다. 하나님의 은혜와 사랑이 얼마나 큰지, 하나님의 구속의 지혜와 능력이 얼마나 큰지, 그 은혜가 내게 어떻게 임하였는지, 그리고 천국의 지혜와 능력과 영광이 얼마나 위대한지를 깨닫고 깊이 생각하게 됩니다. 그때야 비로소 우리는 내가 직면한 고통과 시련을 극복하게 되는 것입니다.

하나님 나라를 향한 길에서 만나는 고난

본문은 분명히 우리에게 말씀합니다. "하나님 나라에 들어가려면 많은 환난을 겪어야 할 것이라"(22절). 사도 바울은 삶을 통해서 직면했습니다. 오직 복음을 전하는 데 영광만 나타나는 것이 아니라 고난과 고통과 박해가 함께 있는 것입니다. 그는 이제 비로소 하나님의 섭리를 깨닫습니다. '아, 이 많은 환난은 하나님 나라로 향하는 길이구나! 하나님 나라를 향해서 가는 길이구나!' 그러기에 말씀합니다. "환난 없이는 하나님 나라에 들어갈 수 없느니라." 그래서 그리스도인은 믿음으로 이 진리를 따라 어떤 시련과 고통 속에서도 먼저 천국을 묵상해야 합니다. 깊이 상고하며 갈망해야 합니다. 그 속에서 성령께서 우리에게 위로를 주시고, 지혜를 주시고, 힘과 능력을 주시어서 시련을 극복하고 넉넉히 이기는 위대한 인생을 살아갈 수 있는 것입니다.

사도 바울의 사건을 보십시오. 그는 돌에 맞아 시체가 된 것처럼 버려졌지만, 다시 일어나서 그 성으로 들어갑니다. 그들이 깜짝 놀랐을 것입니다. 그런데 거기 가서 바울은 또 복음을 전했습니다. 그것이 오늘 우리에게 주시는 사건의 메시지입니다. 그는 어찌 이렇게 위대한 용기와 능력의 삶을 살아간 것입니까? 내가 겪은 이 환난과 고통은 천국으로 향하는 길임을 알았기 때문입니다. 나뿐만 아니라 이방인들에게도 천국문이 열리는 하나님의 역사임을 믿었습니다. 그래서 그가 믿은 천국 복음을 다시 증거합니다. 이것은 모든 그리스도인의, 천국 백성들의 삶을 뜻하는 것입니다. 이와 같이 시련과 고통을 극복하며 나아가는 것이 천국으로 향하는 하나님의 길인 것입니다. 그 섭리 가운데 주의 말씀을 묵상하며, 깨어 생각하고 기도하며, 복음의 증인으로 오늘을 살아가야 할 것입니다.

전지전능하신 하나님 아버지, 이 어둡고 험난하며 수많은 환난과 고통과 역경이 있는 세상 속에서 주의 복음을 믿음으로 새로운 차원의 인생을 살게 하시며, 주의 구원의 역사를 생각하며 오늘을 살게 해주심을 진심으로 감사드립니다. 그러나 너무나 연약하고, 우리의 죄와 허물로 인해서 계속 흔들리며, 온전한 믿음으로 살지 못한 우리를 불쌍히 여겨주옵소서. 많은 환난과 고통을 통해서만 하나님 나라에 들어갈 수 있는 온전한 믿음의 사람이 될 수 있음을 믿습니다. 이 진리를 확신하며 천국 비밀의 증인으로 하나님의 위로와 지혜와 능력을 힘입어 넉넉히 환난과 고통을 이기며, 하나님께 영광 돌리는 삶을 살아갈 수 있도록 함께하여 주옵소서. 우리 주 예수 그리스도의 이름으로 간절히 기도드리옵나이다. 아멘.

05

반석 위에
지은 집

그러므로 누구든지 나의 이 말을 듣고 행하는 자는 그 집을 반석 위에 지
은 지혜로운 사람 같으리니 비가 내리고 창수가 나고 바람이 불어 그 집
에 부딪치되 무너지지 아니하나니 이는 주추를 반석 위에 놓은 까닭이요
나의 이 말을 듣고 행하지 아니하는 자는 그 집을 모래 위에 지은 어리석
은 사람 같으리니 비가 내리고 창수가 나고 바람이 불어 그 집에 부딪치
매 무너져 그 무너짐이 심하니라

— 마태복음 7:24–27

반석 위에 지은 집

　낭만주의의 선구자라 불리는 영국의 시인이며 화가인 윌리엄 블레이크에게 하루는 어떤 사람이 찾아와 물었습니다. "선생님, 위대한 예술가가 되려면 어떻게 해야 합니까?" 윌리엄 블레이크는 평소의 소신대로 그에게 이렇게 말해 줬습니다. "많이 생각하십시오. 많이 생각해야 합니다."

　한 달 뒤 그 남자의 아내가 찾아와서 이렇게 말했습니다. "우리 남편이 선생님을 만난 뒤부터 종일 누워서 생각만 하고 있습니다." 그 이야기를 듣고 윌리엄 블레이크는 남자의 집으로 가서 누워 있는 그에게 이렇게 말해 주었다고 합니다. "아,

제가 깜빡 잊고 말하지 않은 게 있군요. 행동하지 않는 사람의
생각은 휴지조각과 같습니다."

믿음을 따라 생각하며 행동하는 삶

성도 여러분, 구원에 이르는 믿음은 세상 속에서 그 믿음을
가지고 살아가는 것을 의미합니다. 생각만 하는 것은 믿음이
아닙니다. 믿음은 추상적인 것이 아닙니다. 믿음으로 살아가
는 믿음만이 진정한 구원의 표지입니다. 믿음을 따라 생각하
고 행동하며 오늘을 살아가는 것입니다.

하나님께서 우리에게 성경을 주신 목적이 바로 그것입니
다. 그 말씀을 따라 믿음으로 살게 하려고 주신 것이지, 많이
공부해서 깨달음을 받고 그걸 생각하면서 멈추는 것이 아닙
니다. 그런 종교는 기독교가 아닙니다. 기독교는 말씀을 믿고
믿음의 생각에 이끌리어 믿음에 순종하면서 오늘을 살아가는
것입니다. 이것이 하나님의 뜻입니다. 만일 지금 내 삶이 그렇
지 못하다면 이는 구원에 이르는 믿음을 갖지 못한 것입니다.

그러므로 잘못된 믿음을 갖고 있는 불순종의 삶임을 인식
하고 회개해야 합니다. 그리스도인은 예수 그리스도 안에서
하나님의 복음을 믿음으로 새로운 피조물과 새로운 사람이

된 하나님의 사람입니다. 이제는 예전 방식이 아니라 새로운 방식으로 복음을 믿음으로 복음적 생각에 이끌리어 복음적인 사람으로 오늘을 살아가야 합니다. 그 속에서 하나님과의 교제가 있고, 새로운 만남이 있고, 하나님의 사람으로 승리하는 삶을 체험하게 되는 것입니다.

글로벌 금융회사 JP모건을 만든 존 모건에게 한 신사가 찾아와 편지봉투를 내밀며 말했습니다. "회장님, 이 봉투 안에는 성공방정식을 적은 편지가 들어 있습니다. 이것을 2만 5천 불에 회장님께 팔고 싶습니다." 그러자 모건이 껄껄 웃으면서 대답했습니다. "안에 적힌 내용이 무엇인지 모르지만, 먼저 내용을 본 뒤에 내 마음에 든다면 기꺼이 사겠소." 신사는 모건의 말에 동의하고 봉투를 건넸습니다.

봉투를 열어 종이에 적힌 글을 본 모건은 그 신사에게 아무 말 없이 2만 5천 불을 건네줬습니다. 그 글의 내용은 이것입니다. '매일 아침, 그날 해야 할 일의 목록을 적어라. 그리고 그 목록대로 실천하라.'

성도 여러분, 그리스도인은 이 세상 속에서 천국 백성으로 살아갑니다. 그 복음을 믿음으로 이 세상 속에서 예수님을 나의 구주로 영접하고, 예수님의 마음과 지식과 생각과 태도를 본받아 오늘을 살아가는 사람이 진정한 그리스도인입니다. 여러분은 이러한 믿음의 삶을 살아가고 있습니까?

천국 비유의 최종 결론

본문은 성경에서 가장 엄숙한 하나님의 말씀입니다. 예수님은 지금 이 천국 비유를 통해서 하나님 나라의 최종 결론을 우리에게 말씀해 주고 계십니다. 우리는 이것을 항상 묵상하며 오늘을 살아가야 합니다.

마태복음 5장에서 7장까지 나오는 산상수훈은 복음의 요약으로 우리에게 널리 알려져 있습니다. 산상수훈의 결론이 오늘 주신 비유의 말씀입니다. 그러니 이것이 얼마나 중요합니까? 특별히 산상수훈의 결론으로 주신 구체적인 진술이 본문 바로 직전인 마태복음 7장 21절부터 23절까지에 언급되어 있습니다. "나더러 주여 주여 하는 자마다 천국에 들어갈 것이 아니요 다만 하늘에 계신 내 아버지의 뜻대로 행하는 자라야 들어가리라 그 날에 많은 사람이 나더러 이르되 주여 주여 우리가 주의 이름으로 선지자 노릇 하며 주의 이름으로 귀신을 쫓아내며 주의 이름으로 많은 권능을 행하지 아니하였나이까 하리니 그 때에 내가 그들에게 밝히 말하되 내가 너희를 도무지 알지 못하니 불법을 행하는 자들아 내게서 떠나가라 하리라."

이 말씀은 종말론적 말씀이요, 현재적인 말씀입니다. 모든 그리스도인은 항상 이 말씀 안에서 내가 바른 인생을 살아가고 있는지, 바른 믿음의 삶을 살아가고 있는지를 체크해 나가야 합니다.

본문은 간단한 비유이지만, 이 안에는 위대한 하나님의 선언이 나타나 있습니다. 인생을 집에 비유하면서 두 가지 인생을 선포합니다. '반석 위에 세운 집인가, 아니면 모래 위에 세운 집인가?' 둘 중 하나입니다. 성도 여러분, 여러분은 어떤 집을 지으며 오늘을 살아가십니까? 그리스도인은 반석 위에 집을 세우고 기뻐하며 살아가는 사람입니다. 이 비유에 나타난 반석과 모래는 땅속 깊이 있는 것입니다. 그래서 눈에 보이지 않아 식별하기가 어렵고, 잘 구별되지 않습니다. 깊은 통찰력 없이는 쉽게 발견할 수 없습니다. 외형만 보고서는 함부로 말할 수 없는 사건을 의미합니다.

예수님께서 이미 말씀하시지 않았습니까! '주여 주여 하는데, 너희들 천국 못 들어간다. 여기서 '주여 주여 하는 자'란 스스로 구원의 확신을 가졌던 사람을 말합니다. 그들은 스스로 '나는 그리스도인이기에 죽어서 반드시 천국 갈 것이다'라고 믿었습니다. 그래서 예배와 성경공부에도 참석하고, 때로는 열심을 내서 하나님의 일도 합니다. 다른 사람들 눈에는 크리스천으로 보이고 구원받은 사람으로 보이지만, 정작 예수님은 그 사람을 모른다고 말씀하십니다. "너희들은 나를 안다 하지만, 나는 너희를 모른다. 그러니 너희들은 천국에 들어갈 수가 없다." 이렇게 말씀하십니다. 그만큼 구별하는 게 쉽지 않다는 것입니다.

참된 그리스도인의 표지

마가복음 10장 31절에 "먼저 된 자로서 나중 되고 나중 된 자로서 먼저 될 자가 많으니라"는 말씀이 있습니다. 오래 교회생활을 했다고 구원받는 게 아닙니다. 이건 양적인 것이 아니라 질적인 차원에서 주시는 말씀입니다. 그리고 그 뒤에 더 강하게 말씀하십니다. 주의 이름으로 선지자 노릇하고, 귀신을 쫓아내고, 많은 능력을 행하는 이 사람들은 누가 봐도 그리스도인입니다. 그들은 적어도 하나님의 일을 많이 한 사람이요, 많은 지식을 가진 사람이요, 많은 능력도 나타낸 사람이요, 유명한 사람이요, 때로는 그중에 가장 도덕적인 인생을 살았기에 존경받는 인물도 있을 것입니다. 누가 봐도 이 사람들은 천국에 들어갈 사람이요, 그리스도인이어야 됩니다. 그런데 예수님은 뜻밖의 말씀을 하십니다. "나는 너희들을 모른다. 너희들은 누구더러 주여 주여 하는 것이냐? 나는 너희들을 모른다. 너희는 오히려 불법을 행하는 사람들이다. 세상에서는 명예가 있고, 성공하고 존경받을지 모르지만, 하나님 앞에는 오히려 하나님의 법을 어긴 죄인이다." 이렇게 말씀하십니다.

여러분은 이것이 구별되십니까? 깊은 통찰을 갖지 않으면 구별하기가 어렵습니다. 대표적인 사람이 가룟 유다입니다. 그는 3년을 예수님과 함께했습니다. 단순히 일주일에 한 번 만나는 것이 아니라 예수님과 3년을 동고동락했습니다. 그런데도 그가 예수님을 팔아넘기기 전까지 예수님 외에는 아무도 몰랐습니다. 이처럼 구별하기가 어렵습니다. 성도 여러분, 스스로 구별하며 살아가십니까? 깊이 생각해야 합니다. 분명한 차이점은 있습니다. 말씀 그대로 반석 위에 세운 인생인지, 아니면 모래 위에 세운 인생인지에 대한 너무나도 자명한 표지가 있지만 우리의 판단으로는 구별이 안 된다는 말씀입니다. 그러면 구별의 시금석이 무엇입니까? 그것이 오늘 우리에게 주시는 하나님의 말씀입니다.

성경은 이렇게 말씀합니다. "그러므로 누구든지 나의 이 말을 듣고 행하는 자는 그 집을 반석 위에 지은 지혜로운 사람

같으리니." 이것이 유일한 시금석이자 분별의 기준입니다. 먼저 '나의 이 말'이란 예수님의 말씀입니다. 이것이 시금석입니다. 예수님께서 하신 '나의 이 말'이 하나님의 말씀인지 아닌지 아는 것으로부터 구별됩니다. 청년 예수가 하는 말이 정말 하나님의 말씀으로 들리는지가 구원받은 자를 구별하는 첫째 표지입니다. 거듭남이란 바로 이런 것입니다. 내 영혼이 중생하여 거듭나고 보니 청년 예수가 하시는 말씀이 하나님의 말씀으로 믿어지는 것입니다. 그것을 믿게 된 것입니다. 바로 그 사람이 그리스도인입니다.

그런데 만일 그렇지 못하다면, 그 말씀이 단지 위대한 말씀이나 좋은 말씀으로만 머무른다면 그는 종교인에 불과합니다. 진정한 그리스도인에게 예수님은 하나님이십니다. 예수님께서는 하나님으로 이 땅에 오신 것이지, 세상의 위대한 위인이 신적 존재가 된 것이 아닙니다. 그러니 그의 말씀도 하나님의 말씀으로 들리고, 그렇게 믿는 것입니다. 그 사람이 바로 반석 위에 집을 세우는 사람입니다.

진리이신 예수님을 믿는 그리스도인

예수님께서는 십자가를 지시기 전날 엄청난 선언을 하셨습니다. "I'm the Truth." '나는 그 진리다.' 정확하게 번역하면 이런 말입니다. "나는 유일한 그 진리다." 다시 말해서 이것입니다. "나 외에 다른 모든 것은 진리가 아니다."

성도 여러분, 이것이 믿어지십니까? 믿어지는 그 사람이 하나님의 사람입니다. 인간의 이성을 넘어 이것이 믿어지는 것입니다. 만일 믿어지지 않는다면, 믿어지게 해달라고 성령께 간절히 기도해야 합니다. 하나님이 생각하시는 진리란 하나님을 아는 지식에 이르러야 하고, 하나님을 만나야 합니다. 그런데 예수님의 진리를 제외해 놓고는 세상의 어떤 진리도 하나님을 만나는 진리가 아닙니다. 오직 예수님의 말씀만 절대 진리입니다. 이 진리를 믿기 전에는 다른 진리를 따라다녔습니다. 그러나 이제는 눈이 뜨여서 진짜 진리를 발견했습니다. 그게 믿음의 삶이라는 것입니다. 그러한 믿음의 삶을 살아가는 사람이 반석 위에 집을 세운 사람입니다.

그리고 또 다른 시금석은 '그 말을 듣느냐, 듣지 않느냐'입니다. 예수님의 말씀을 가까이하느냐, 가까이하지 않느냐는 것이지요. 그 말씀을 진정으로 듣고, 깊이 영접하고, 묵상하며 오늘을 사느냐 하는 것입니다. 말씀인 것을 알지만 그럼에도 듣지 않는다면 이것은 잘못된 신앙입니다.

특별히 예수님의 말씀을 내게 주시는 하나님의 말씀으로

들어야 합니다. 우리는 하나님을 본 적이 없습니다. 하나님은 영이시기에 우리가 볼 수 없습니다. 그러나 예수님을 통해서 하나님의 음성을 듣습니다. 우리가 매일 육신의 생명을 위해서 양식을 먹듯이, 예수님의 말씀을 내 영의 양식으로 삼아야합니다. 이 말씀을 듣지 않으면 죽은 영혼이요, 죽어가는 영혼으로 살아갈 수밖에 없습니다. 이것을 삶 속에서 나의 신앙고백으로 삼는 그 사람이 반석 위에 집을 세우는 사람입니다. 그말씀을 들을 때 절대 가감하지 말아야 합니다. 감히 하나님의말씀에 사람이 조금 보태거나 감한다는 것이 말이 됩니까? 그러나 역사에서는 계속 이런 일이 사탄의 계략 안에 벌어지고있습니다. 그 대표적인 것이 번영의 복음입니다. 예수 믿으면모든 것이 다 잘된다는 것입니다. 그런데 아직도 이것을 분별하지 못하고 끌려가는 것이 오늘 이 시대의 모습입니다.

율법주의 또한 참 무서운 것입니다. 성경을 한 절, 한 절 언급하면서 자신은 그것을 지켰으니 의인이고, 지키지 못한 사람은 죄인이라고 정죄합니다. 절대적인 의가 아니라 상대적인의에 얽매여 있는 것입니다. 이것은 잘못된 신앙생활입니다. 그리스도의 말씀을 들을 때는 항상 깨끗하게 비워진 마음이어야 합니다. 이런 상태를 저는 '유식한 비움'이라고 말씀드리고 싶습니다. 무식해서 비우는 것이 아닙니다. 유식하기에 하나님의 말씀과 내 생각과 경험은 비교할 수 없다는 것을 알고 있습니다. 그래서 그 말씀을 듣기 위해 자신을 비우는 것입니다. 성경에 대해 얼마나 많이 공부했든 간에, 심지어 그가 신학박사라 할지라도 그 말씀이 내 삶이 될 때까지 자신을 비워야 합니다. 그렇게 하지 않으면 자꾸 내 생각에다가 하나님을 합쳐버립니다. 이러면 괴물이 되어버립니다.

하나님의 뜻을 분별하는 신앙

더욱이 내가 가진 모든 것에 더 귀한 것 하나를 추가하는 것을 세속적 신앙생활이라고 합니다. 이것은 엉터리 신앙입니다. 정말 하나님의 말씀을 믿으면 그 믿음은 이미 나를 비워지게 합니다. "주여, 말씀하소서. 내가 듣겠나이다. 말씀하소서. 내가 끝까지 지키겠나이다." 이러한 마음으로 하나님의 말씀을 들어야 합니다. 그 사람이 그리스도인입니다.

그리고 그 말씀을 들을 때 맹목적으로 듣는 것이 아니라 분별해서 들어야 합니다. 하나님은 우리에게 이성을 주셨습니다. 그 말씀을 들으며 신중하게 생각합니다. 깊이 생각합니다. 주신 말씀을 성령께 의존하여 하나님의 뜻을 분별하는 것입니다. 하나님의 뜻을 분별하지 못하면 잘못된 열심으로 그냥 망할 수밖에 없습니다.

그 대표적인 예가 성경에 나타난 유대인들입니다. 저들은 참으로 열심히 하나님을 믿고자 애썼습니다. 그러나 그들은 그 열심으로 예수님을 죽였습니다. 잘못된 열심이었습니다. 그런데도 그들은 지금까지 자신들이 반석 위에 집을 쌓은 사람들이라고 당당히 말합니다. 잘못된 종교적 믿음을 가지고 계속 거기에 속으며, 회개도 하지 않고 살아가고 있습니다. 우리 안에도 이런 모습이 많이 나타나 있습니다.

그러나 우리는 예수님의 말씀대로 그 말씀을 듣고 행하는 자여야 합니다. 행할 수밖에 없고, 실천할 수밖에 없습니다. 내게 주신 하나님의 말씀을 들었는데, 그리고 내게 주신 하나님의 말씀을 믿었는데, 어떻게 그때뿐이며 생각뿐이겠습니까? 그 믿음으로 순종하는 자가 진정으로 반석 위에 집을 세우는 사람입니다. 우리는 순종하기 힘들 때마다 묻습니다. "왜 이처럼 다 순종해야 합니까?" 그럴 때마다 들리는 음성이 있습니다. "네가 믿기 때문에." 내가 믿기 때문에 순종하는 것입니다.

이런 교훈적인 이야기가 있습니다. 철학자와 도둑이 한 교도소 안에 갇혔습니다. 어느 날 도둑의 제안으로 이 둘은 어두운 야밤에 탈옥을 시도하게 되었습니다. 몰래 지붕에 올라

가서 살금살금 기어가다가, 순간 도둑이 발을 잘못 디뎌서 기왓장이 떨어지고 말았습니다. 이 소리를 들은 교도관이 "거기 누구야?" 하고 소리치자, 도둑이 재빨리 "야옹!" 했습니다. 이 소리를 들은 교도관은 고양이인 줄 알고 지나갔습니다. 얼마 후, 이번에는 철학자가 발을 잘못 디뎌서 기왓장을 떨어뜨렸습니다. 그러자 교도관이 또다시 소리쳤습니다. "거기 누구야?" 그랬더니 철학자도 재빨리 대답했습니다. "예, 저는 고양이입니다." 여러분, 이 둘의 차이를 아시겠습니까?

내가 아는 지식과 그 지식을 실천하는 것은 차원이 다릅니다. '말씀을 들었으니 오늘부터 실천할 거야.' 이렇게 각오한다고 됩니까? 말씀을 삶에 적용하는 데에는 다른 차원의 지혜가 필요합니다. 성실이 필요하고, 헌신이 요구됩니다. 습관이 될 때까지 반복해야 됩니다. 그래야 열매를 맺지, 그렇지 않으면 이 어리석은 철학자와 같이 머릿속으로만 생각하다가 삶으로 나타나지 않게 됩니다.

하나님의 뜻과 방식대로 순종하기

무엇보다도 하나님의 일을 할 때는 하나님의 뜻대로 해야 합니다. 그래서 예수님께서 말씀하십니다. "나는 그 길이다."

길은 구체적 방식을 말합니다. 십자가의 길, 이 길 외에는 아무리 주여 주여 떠들어봐야 하나님의 일이 되지 않습니다. 하나님께 도달하지 못합니다. 주의 이름으로 선지자 노릇하고, 귀신을 쫓아내고, 많은 능력을 행하고, 세상이 놀랄 만한 일을 해도 예수님께서 말씀하십니다. "나는 너희들을 알지 못한다. 이 불법을 행하는 자들아."

왜 그렇습니까? 방식이 틀렸습니다. 그것은 하나님의 방식이 아닙니다. 결국은 자기를 드러내는 것일 뿐, 온전히 하나님의 영광이 드러나는 방식이 아닙니다. 우리가 예배를 드리지만, 예배라고 다 예배인 것은 아닙니다. 예배의 청중이 누구입니까? 항상 이 질문을 하십시오. 예배의 청중은 우리가 아닙니다. 예배의 주인공은 우리가 아닙니다. 하나님이십니다. 아무리 사람들이 많이 모여도 하나님이 함께하시지 않으면 그건 예배가 안 됩니다. 그 예배를 하나님께서 기뻐해 주셔야 예배가 예배 됩니다.

그런데 오늘날의 예배는 어떻습니까? 우리가 기뻐야 되고, 내 마음이 편안하고 즐거워야 됩니다. 이것은 잘못된 방식입니다. 하나님의 일이라고 하면서 선행을 하는 것은 안 믿는 사람들도 다 하는 것입니다. 오른손이 하는 일을 왼손이 모르게 해야 하고, 정말 마음을 다한 헌신이 있어야 작은 일도 하나님의 일 되게 하는 것입니다. 세상에 드러난다고 그게 하나님의 일이 아닙니다. 그것은 하나님의 뜻을 분별하지 못하는 것입니다.

저명한 하나님의 사람 무디 목사님에게 있었던 유명한 일화입니다. 어떤 사람이 와서 물었습니다. "지난밤 몇 사람이나 회심했습니까?" "네, 두 명 반입니다." 그러자 질문한 사람은 그게 무슨 뜻일까 잠시 생각하더니 이렇게 말했습니다. "아, 어른 둘과 어린아이 한 명이 회심했군요!"

그러나 무디의 대답은 전혀 달랐습니다. "아닙니다. 두 명의 아이와 한 명의 어른이 회심했습니다." 그리고 무디는 그 이유를 이렇게 설명했습니다. "어린이는 주님 앞에서 모든 삶을 헌신하지만, 어른은 절반쯤만 헌신하기 때문입니다."

천국 복음의 증인된 그리스도인

성도 여러분, 예수님께서 우리에게 주신 복음은 오직 하나입니다. 하나님 나라 복음, 천국 복음입니다. 그 복음을 그대로 받아들이십시오. 그 믿음으로 사는 것입니다. 예수 믿으면 만사형통하고, 유명해지고, 번영하는 것이 아닙니다. 하나님은 그런 약속을 하지 않으셨습니다. 복음은 오직 천국 복음입니다. 여기에는 두 가지 메시지가 있습니다.

첫째는 우리가 죽어서 천국 가는 것입니다. 둘째가 더 중요합니다. 저 세상의 하나님 나라가 이 땅으로 왔다는 것입니다. "하나님 나라가 왔느니라. 임하였느니라. 가까이 왔느니라." 이 세상이 하나님 나라가 된다는 얘기가 아닙니다. 세상 속으로 하나님 나라가 왔습니다. 그리스도인이 이 세상 속에서, 시련과 역경 속에서, 불의와 불경건이 충만한 세상 속에서 하나님 나라의 백성으로 살아가는 것입니다.

그리고 하나님 나라의 증인으로 오늘을 살아가는 것입니다. 예수님이 이 땅에 오셨다는 것은 그것을 의미합니다. 예수님이 이 땅에 오셨습니다. 그분이 고난 받으시고, 십자가를 지시고, 부활하시고, 승천하셨습니다. 성령이 이 땅에 오셨습니다. 그리고 오늘도 역사하십니다. 그러한 하나님 나라가 이 세상 속에 기쁜 소식으로 우리에게 나타났다는 것을 말합니다. 그 하나님 나라는 하나님과 함께하고, 예수 그리스도 안에서 나타나고, 성령을 통해서 이루어지는 하나님의 통치입니다. 우리는 그것을 갈망합니다. '하나님, 이곳에 역사해 주소서. 내 안에 역사해 주소서. 주의 뜻을 이루소서.' 그런 소망을 갖는 사람이 천국 백성입니다.

반석 위에 집을 세우는 인생은 바로 이런 것입니다. 삼위일체 하나님과 교제하고, 그 하나님의 뜻이 내 안에, 우리 안에 이루어지기를 갈망하며 믿음으로 살아가는 것입니다. 이 세상 속에서 천국 증인으로 오늘을 살아가는 것을 말합니다. 이 세상에서 내 방식으로 살다가 죽어서 가는 천국은 없습니다. 그런 약속을 주시지 않았습니다. 오늘날 잘못된 설교, 잘못된 믿음, 잘못된 신앙생활이 바로 여기에 있습니다. 그것은 복음을 가감하고, 천국을 죽은 다음으로만 생각하는 것입니다. 아닙니다. 바로 오늘입니다. 에덴낙원은 그것을 말해 주는 곳입니다. 죽은 다음에 가는 것뿐만 아니라 그곳을 확신하며 오늘 이 세상 속에서 천국 백성으로 살겠다는 내 신앙고백입니다.

지난 세월의 시간들을 다시 한 번 생각하며, 내게 주신 그리스도의 복음에 귀를 기울여보십시오. '나는 정말 복음을 알고, 믿고, 복음적인 사람으로 오늘 살아가는가? 나는 이 세상 속에서 정말 하나님 나라의 백성으로, 천국의 증인으로 오늘을 살아가는가? 나는 정말 예수님의 말씀을 하나님의 말씀으로 믿고 듣기를 기뻐하며, 그 뜻에 순종하며 오늘을 살아가는가?' 모든 그리스도인은 이 질문에 "예!", "아멘!"으로 응답하며 오늘을 살아가는 사람입니다.

기도

전지전능하신 은혜의 하나님, 이 어두운 세상 속에서 세상 진리에 속아 스스로 모래 위에 집을 지으면서도 잘못된 인생임을 알지 못하고, 결국은 후회와 절망 속에 인생무상을 반복하여 고백하는 어리석은 죄인에게 예수 그리스도 안에서 주의 복음을 믿음으로 새로운 삶과 새로운 생명을 허락하셔서 반석 위에 세우는 집을 기뻐하고 자랑하며 오늘을 살게 해주심을 진심으로 감사드립니다. 그러나 잘못된 믿음과 복음에 대한 잘못된 인식 속에 또다시 세속적으로 타협하며, 세상 권세에서 벗어나지 못하고, 자기 자신의 영혼을 돌아보지 못하며, 이 세상 속에서 주의 뜻에 순종하지 못하고 스스로 무너지는 미련한 삶을 주여, 불쌍히 여겨주시옵소서. 성령이시여, 여기 모인 주의 사람들 한 사람 한 사람을 기억하시고 그 마음을 주장하시사 주의 말씀을 내게 주신 하나님의 말씀으로 믿고, 듣고, 행하여 하나님께 칭찬받으며, 하늘 문이 열리는 그 삶을 이 세상 속에서 경험하며, 증거할 수 있도록 우리와 함께하여 주시옵소서. 우리 주 예수 그리스도의 이름으로 간절히 기도드리옵나이다. 아멘.

06
——

성령의 열매

오직 성령의 열매는 사랑과 희락과 화평과 오래 참음과 자비와 양선과 충성과 온유와 절제니 이같은 것을 금지할 법이 없느니라 그리스도 예수의 사람들은 육체와 함께 그 정욕과 탐심을 십자가에 못 박았으니라 만일 우리가 성령으로 살면 또한 성령으로 행할지니 헛된 영광을 구하여 서로 노엽게 하거나 서로 투기하지 말지니라

– 갈라디아서 5:22-26

성령의 열매

베스트셀러인 『하프타임』의 저자로 잘 알려진 밥 버포드 박사가 달라스 신학교 교수였던 저명한 신학자 하워드 헨드릭스를 인터뷰하며 이런 질문을 하였습니다. "성경은 삶을 잘 마무리하는 문제를 어떻게 가르치고 있습니까?" 헨드릭스 박사는 이렇게 대답했습니다. "우리는 여러 자료를 통해서 성경에 나오는 인물들 가운데 그들이 삶을 어떻게 마무리했는지 살펴볼 수 있는 백 명을 조사했습니다. 결과는 그 사람들 중에 3분의 1만이 삶을 제대로 마무리했더군요. 대부분 삶의 후반에서 실패하고 말았는데, 의미심장한 결론이라 생각합니다."

밥 버포드 박사가 다시 물었습니다. "놀랍군요. 그렇다면 대부분의 사람이 삶을 잘 마무리하지 못한 이유가 무엇이었을까요?" 하워드 헨드릭스 박사가 이렇게 대답을 했습니다. "거듭 수면 위로 떠오르는 문제는 그들이 성경 말씀을 이해하지 못한 것이 아니고, 그것을 그들 삶에 적용하지 못했다는 것입니다. 그들은 하나님의 말씀을 알았기 때문에 그 말씀대로 산다고 생각했지만, 오늘날 우리가 그렇듯이 사실은 그렇지 않았습니다." 깊이 생각해 보시기 바랍니다.

예수 그리스도 안에서 거듭난 그리스도인

성경이 우리에게 제시하는 세 가지 유형의 사람이 있습니다. 첫째는 육신을 따르는 사람입니다. 이들은 육의 생각에 이끌려 살아가고, 육체의 소욕에 매여서 살아가는 불신자들입니다. 둘째는 영을 따르는 사람입니다. 이들은 영의 생각에 이끌려 성령의 인도하심을 받아 성령의 사람으로 살아가는 거듭난 그리스도인입니다. 셋째는 세속적인 사람입니다. 이들은 그리스도를 영접하였고, 신앙생활을 한다고 하나 실제로는 육신에 속한 자입니다. 그들은 하나님께 기도하며, 영광 돌리며, 예배를 드리지만 그 삶은 육체의 소욕에 붙들린 사람들입니다. 그래서 아무런 열매를 맺지 못하고, 영생의 삶을 살지도 못하고, 더 나아가서는 천국에 가까이만 갔지 들어가지는 못한 자들입니다. 거듭난 그리스도인은 예수 그리스도 안에서 새 사람이 되었다고 성경은 선포합니다. 그래서 성령에 의하여 영적 변화를 체험하며, 그 변화를 갈망하며 오늘을 살아가는 사람입니다.

로마서 8장 9절에 기록된 하나님의 말씀입니다. "만일 너희 속에 하나님의 영이 거하시면 너희가 육신에 있지 아니하고 영에 있나니 누구든지 그리스도의 영이 없으면 그리스도의 사람이 아니라." 성도 여러분, 우리 안에 거하시는 성령 하나님을 믿고 의존하며, 인식하며 오늘을 살아가야 합니다. 그래서 성령을 따르는 사람으로 승리하는 형통의 삶을 살아가야 할 것입니다.

성령의 역사로 나타나는 열매

예수 그리스도의 십자가와 부활 승천 사건 이후의 시대는 성령의 시대입니다. 그래서 성령의 역사가 없이는 거듭남의 역사도 없고, 천국에 들어가지도 못합니다. 성령의 역사 없이는 어떤 영적 변화를 체험할 수도 없고, 그 변화가 이루어지지도 않습니다. 성령의 역사 없이는 하나님의 말씀을 보아도 깨닫지 못하고, 들어도 내게 주신 하나님의 말씀으로 영접할 수가 없습니다. 또한 성령의 역사 없이는 이 세상에서 영생의 삶을 살아갈 수가 없습니다. 성령께서는 구원받은 하나님의 자녀들 속에서 그 자녀들을 항상 변화시키십니다. 성령의 역사 없이 인격적 변화나 영적으로 변화하는 것은 절대 없습니다. 이것을 항상 기억해야 합니다.

어느 선교사가 아프리카에 가서 선교를 하다가 식인종에게 붙잡혔습니다. 그래서 '아, 이게 마지막이다. 나는 죽었구나!' 했는데, 그 추장의 얼굴을 가만히 보니까 어디서 많이 본 사람이었습니다. 생각해 보니, 신학교 시절에 같이 신학공부를 하던 아프리카 학생이었습니다.

너무나 반가워 추장에게 이야기했더니 추장도 그를 알아보았습니다. 그래서 이 선교사님은 마음에 안도감을 갖고 '이제 살았구나!' 하고 이렇게 물었습니다. "신학공부까지 하고 돌아왔으니, 그동안 많이 변화되었겠군요." 추장이 대답합니다. "그럼요. 예전에는 사람을 그냥 잡아먹었죠. 그런데 이제는 반드시 식사기도를 하고 잡아먹습니다."

아무리 예수님의 이름으로 기도하고, 하나님을 찬양하고, 성령을 알고, 성경 말씀을 읽은들 그것이 무슨 소용입니까?

그 고귀한 하나님을 아는 지식이 내 삶에 적용되지 않는다면 이것은 잘못된 신앙생활을 하는 것입니다. 또한 스스로 구원받았다고 착각하는 것입니다. 실제로는 하나님 나라에 들어가지 못한 것입니다. 이것을 분명히 알아야 합니다.

성도 여러분, 성령의 역사의 징표가 무엇이라고 생각합니까? 오늘날 방언이라고 생각하는 사람들이 많이 있습니다. 그러나 아닙니다. 성령의 역사의 표적은 열매 맺는 것입니다. 이 사실을 항상 기억해야 합니다. 하나님의 사람 아우구스티누스는 방언을 할 줄 몰랐습니다. 종교개혁자이자 위대한 하나님의 사람 마르틴 루터와 칼뱅도 방언을 전혀 할 수 없었습니다. 방언을 구하지도 않았습니다. 또한 존 웨슬리, 존 번연, 무디 목사님도 다 방언을 할 줄 몰랐습니다. 그러나 이들의 공통점은 변화되었다는 것입니다. 열매를 맺었다는 것이고, 영적 변화를 체험했다는 것이며, 그 일의 증인으로 산 것입니다.

그리스도인의 변화는 열매 맺는 삶을 뜻합니다. 좋은 열매를 맺었다는 것입니다. 그리스도인은 예수 그리스도 안에서 새 사람이 되었습니다. 그로 인해 좋은 나무가 되었고, 하나님의 재창조로 하나님의 자녀가 되었습니다. 그렇기에 좋은 열매를 맺고, 영적인 변화를 이루는 것은 합당한 것입니다. 여기에 성령의 역사가 있습니다.

영적이며 내적인 성령의 열매

본문에는 성령의 열매에 대한 유명한 말씀이 기록되어 있습니다. 성도 여러분, 성경이 성령의 열매가 있다고 말씀하고 있습니다. 이것은 추상적인 얘기가 아닙니다. 이것은 내 안에 일어나야만 하는 실제적인 사건입니다. 그렇다면 여러분은 성령의 열매를 이와 같이 맺고 오늘을 살아가십니까? 이 성령의 열매는 영적인 것이며 내적인 것입니다. 하나님께서 구원받은 하나님의 자녀에게 주신 영적 선물입니다. 이것을 알고, 체험하며, 누리며 오늘을 살아가십니까? 이 놀라운 성령의 열매는 인간의 행위로는 절대 불가능합니다. 그래서 수많은 사람이 실패하는 것입니다. 여러분들이 이 말씀을 읽으면서 아마 '나도 이런 성품을 지닌 이런 삶을 살아야겠다!' 하고 수없이 기도하고 결단하지만 실패했다면 그것은 나의 결단, 나의 열심, 나의 노력으로 될 것이라고 생각했기 때문입니다. 절대 안 됩니다.

성경적 상담 전문가인 로버트 맥기 박사가 실제 자신의 상담 경험을 바탕으로 쓴 『내 안의 위대한 나』(*The Search for Significance*)라는 책이 있습니다. 이 책에서 그는 성령의 임재와 능력을 체험하지 못하게 막는 장애물을 간단하게 다섯 가지로 설명합니다. 함께 생각해 보시기 바랍니다.

첫째는 잘못된 동기입니다. 이것이 항상 문제입니다. 그래서 우리는 내가 왜 예수를 믿는지, 왜 내가 교회에 나와서 예배를 드리는지 항상 물어야 합니다. 그 동기가 그리스도께 있어야지, 그렇지 않으면 그 잘못된 동기로 인해서 성령의 역사를 가로막게 됩니다.

둘째는 기계적인 신앙생활입니다. 습관적으로 주일예배를 드리고, 습관적으로 성경을 읽고 찬양을 하므로 어떠한 성령의 역사도 나타나지 않습니다. 그것은 단지 종교생활일 뿐입니다. 스스로 위안 삼는 것에 불과합니다.

셋째는 신비주의적인 태도를 말합니다. 초자연적인 감정에 지나치게 의존해서 감정지상주의에 빠질 때, 스스로 감격하며 노래를 부르고 울부짖지만 아무 소용없습니다. 그렇게 한다고 성령의 열매를 맺지 못합니다.

넷째는 지식의 부족입니다. 그리스도를 아는 지식이 부족합니다. 하나님의 진리를 온전히 깨닫지 못했습니다. 그 잘못된 지식에 이끌려 살아갈 때 성령을 가로막게 됩니다.

다섯째는 고의적인 범죄입니다. 죄 가운데 있을 때 성령의 역사를 가로막게 됩니다.

성령에 의해서만 맺어지는 열매

성도 여러분, 그러면 어떻게 해야 성령의 열매를 맺을 수 있습니까? 오직 성령에 의해서만 되는 것입니다. 성령의 역사 없이는 성령의 열매를 맺지 못합니다. 아무리 내가 열심을 내고, 애를 쓰고, 헌신을 해도 그렇게 해서 되는 것이 아닙니다. 그런고로 성령의 역사를 가로막는 장애물을 먼저 제거해야 합니다. 모든 죄를 회개하고 제거해야 합니다. 이것을 오늘 본문 갈라디아서 5장에서는 '육체의 소욕, 육체의 탐심, 육체의 정욕'이라고 말씀합니다. 내 육체를 위한 삶으로 끌려가는 그 모든 것을 버리지 않으면 성령을 가로막게 됩니다. 이기적인 탐심과 욕망에 이끌려 살아가는 나의 결단, 나의 열심으로는 어림도 없습니다.

성령께서는 완전히 다른 차원의 방식으로 역사하십니다. 완전히 다른 생각과 방식으로 역사하십니다. 이것을 항상 기억해야 합니다. 그것은 마치 거듭남과 천국 백성 되는 것과 같습니다. 어떻게 우리가 거듭났고, 천국에 들어갈 수 있습니까? 하나님의 방식으로입니다. 어떤 인간의 방식으로도 아닙니다. 하나님의 방식으로만, 완전히 새로운 차원의 방식으로만 성령의 열매를 맺을 수 있습니다. 그러면 그 방식이 무엇입니까? 그 질문의 답이 성경 곳곳에, 특별히 본문인 갈라디아서 5장에 기록됩니다. "성령으로 살아라." 그래서 16절은 말씀합니다. "성령을 따라 행하라." 또 25절은 말씀합니다. "우리가 성령으로 살면 성령으로 행하라." 모두가 같은 의미입니다.

성도 여러분, 하나님께서 우리에게 성령을 주신 것은 성령으로 살라고 주신 것이지, 그냥 주신 것이 아닙니다. 성령으로 살도록 재창조된 그리스도인이 바로 우리 자신임을 알아야 합니다. 그러므로 성령을 우리의 삶에 적극적으로 적용해야 합니다. 성령으로 산다는 것은 내가 주의 복음을 믿음으로 성령의 사람이 되었음을 믿고, 그 정체성을 항상 인식하며, 우리 안에 거하시는 그 성령께 삶을 의탁하고, 성령의 인도하심을 간구하며, 성령께 순종하는 것을 말합니다. "성령으로 살아라." 그래야 성령의 열매를 맺을 수 있는 것입니다.

하나님과 바른 관계를 맺고 동행하는 삶

성령께서는 모든 하나님의 자녀들이 하나님과 바른 관계를 맺고, 하나님과 동행하는 삶을 살도록 인도하십니다. 이것이 성령을 주신 목적입니다. 우리는 성령 충만하면 없는 능력이 생기고, 내 소원이 성취되고, 내가 성공하고, 번영하고, 행복한 것에만 초점을 맞춥니다. 그러나 아닙니다. 더는 속지 마십시오. 거기에는 성령의 열매가 없습니다. 성령은 오직 하나님과 바른 관계를 맺고 하나님과 동행하는 삶을 살도록 우리를 인도하십니다. 그래서 성령께서 항상 제일 먼저 하시는 일은 오직 예수 그리스도께로 인도하시는 것입니다. 왜냐하면 예수 그리스도 안에서만 하나님께 나아가며, 하나님과 함께하는 삶을 살 수 있기 때문입니다. 그 방식 외에는 하나님과 동행하는 삶을 살아갈 수 없습니다. 성경 전체는 우리에게 그것을 계시하고 있습니다.

성령 충만하다는 것이 무엇입니까? 예수 그리스도와 연합하는 것을 말합니다. 믿음으로 연합해서 예수님의 생각, 즉 복음적 생각과 방식을 따라서 하나님의 뜻을 분별하며 하나님께 순종하는 것입니다. 그럴 때 성령의 열매가 맺혀지는 것입니다. 그런데 이러한 신앙의 삶 가운데 항상 있는 요소들이 있습니다. 그것이 바로 갈등과 투쟁입니다. 무엇과의 갈등입니까? 하나님과 나와의 갈등입니다. 영의 생각과 나의 생각의 갈등입니다. 그리고 육신의 생각과 말씀과의 갈등입니다. 이 갈등을 넘어 투쟁하는 것입니다. 이것 때문에 두려워하거나 절망하지 마십시오. 이것은 성령의 역사 가운데 항상 있는 것입니다.

그래서 사도 바울은 노년에 성령 충만하여 곳곳에서 이 사실을 기록하고 있습니다. 특별히 로마서 7장을 읽어보십시오. 그 위대한 사도가 실존적 투쟁과 갈등을 그대로 고백합니다. 결국 그는 이렇게 선언합니다. "오호라 나는 곤고한 사람이로다 이 사망의 몸에서 누가 나를 건져내랴"(24절). 지금 갈등하고 있는 것입니다. 투쟁하고 있는 것입니다. 나와 하나님이 싸우고 있는 것입니다. 성령과 내 소욕이 싸우고 있는 것입니다. "내 안에 악한 법이 있어 나를 사로잡는 것을 보는도다."

나의 자아가 이기적인 욕망과 탐심이 하나님의 뜻과 자꾸 부딪치는 것입니다. 그래서 고린도전서 9장에서는 이렇게 고백합니다. "내가 내 몸을 쳐 복종하게 함은"(27절). 얼마나 답답하겠습니까? 우리가 성령의 사람으로 살아가고, 하나님의 뜻에 순종할 때 이런 답답함과 갈등과 투쟁이 있는 것입니다. 성령이 임한다고 저절로 되는 것이 아닙니다. 그러면 어떻게 승리할 수 있습니까? 오직 하나님의 방식으로만 승리할 수 있습니다. '하나님의 은혜로, 오직 믿음으로' 승리할 수 있습니다. 그래서 성령께 기도하는 것입니다. "성령님, 하나님의 은혜의 충만함에 이르게 하소서. 하나님, 오직 믿음으로만 살게 하소서." 성령께 기도하는 것입니다. 만일 성령의 도우심이 없다면 다 실패하고 말게 됩니다. 성령께서는 우리의 연약하심을 아시고 그대로 쓰십니다.

이것을 항상 기억하십시오. 내 연약함으로 인해 좌절하거나, 오랫동안 신앙생활을 했음에도 불구하고 자신이 변하지 않는다고 싸우거나 좌절하지 맙시다. 단지 내 약함, 그 속에서 성령께 매달려 기도하십시오. "성령님, 나를 도와주세요." 그분은 보혜사 성령이십니다. 우리와 함께하시는 성령은 우리를 도우시도록 하나님께서 보내신 분입니다. 성령은 우리를 도와주시는 분이지, 마술을 부리시는 분이 아닙니다. 이 놀라운 신비의 역사, 생명의 역사를 우리의 삶 속에서 체험하며 겪어야 합니다.

그래서 내게 육체의 가시가 있을 때, 성령께 의지하여 기도하면 그 고통을 통해서 내가 겸손해집니다. 사도 바울이 이 비밀을 깨닫고 우리에게 선포합니다. 또한 수많은 시련을 통해서 우리가 고통 받을 때 성령께 의존하면 우리를 도우사 그 사건 속에서 나로 하여금 자신을 부인하는 놀라운 기적이 일어나게 하십니다. 육체의 소욕을 버리게 하십니다. 성령께서는 항상 하나님의 자녀를 변화시키십니다. 약함을 통해서 도우시며, 하나님의 사람으로 변화되게 하신다는 사실을 기억해야 합니다.

복음의 역사로 말미암는 성령의 선물

본문에는 성령의 열매 아홉 가지가 나타납니다. 이것을 굳이 다 외울 필요는 없습니다. 그러나 여기에는 분명한 메시지가 있습니다. 그것은 곧 성령의 열매가 있다는 것입니다. 이것은 내 안에 일어나야 할 사건입니다. 그런데 왜 아홉 가지입니까? 성령의 열매가 아홉 가지밖에 없겠습니까? 헤아릴 수 없을 만큼 많이 있지만, 그중에서 대표적인 아홉 가지만을 기록한 것입니다.

무엇보다도 이 아홉 가지 성령의 열매는 인간의 도덕적인 성품을 말하는 것이 아닙니다. 이것은 많은 수련을 쌓고, 많은 신앙생활을 하고, 많은 헌신을 한다고 해서 얻어지는 것이 아닙니다. 성령의 아홉 가지 열매는 복음의 역사로 말미암는 성령의 선물입니다. 이 아홉 가지는 하나님의 성품입니다. 이것은 인간의 성품이 아닌 신의 성품입니다. 하나님께서 하나님의 자녀에게 주시는 하나님의 성품인 것입니다. 무엇보다도 여기에서는 아홉 가지를 말하고 있지만, 사실은 한 가지입니다. 그 한 가지는 바로 사랑입니다. 인간의 에로스적인 사랑이 아니라 하나님의 아가페 사랑, 그것이 성령의 열매인 것을 우리에게 가르쳐주는 것입니다.

그래서 이 원문에 가까운 영어 번역을 보면 "the fruit of the Holy Spirit is", 단수로 표현되어 있습니다. 아홉 개면 복수가 되어야 하는데, 여기에는 단수로 되어 있습니다. 그렇기 때문에 성령의 열매는 단 하나, 아가페 사랑의 열매를 말하는 것입니다. 성령께서 우리에게 역사하셔서 아가페 사랑을 깨닫고, 체험하고, 받아들일 때 그 사랑의 속성들이 이와 같이 나타난다는 말입니다. 그 사랑의 충만함에 이를 때 내 안에 희락과 화평이 있습니다. 그 사랑으로 살아갈 때 오래 참음과 자비와 양선을 베풀게 됩니다. 그 사랑에 이끌릴 때 충성과 온유와 절제의 삶을 살아가게 되는 것입니다. 이것이 사랑의 권능입니다.

바로 그것이 십자가에 나타난 하나님의 사랑입니다. 그 십자가의 복음을 믿음으로 우리는 구원받습니다. 이것은 복음의 역사입니다. 독생자가 피 흘려 죽으심으로 우리에게 나타내신 무제한적이고 무조건적인 사랑을 우리가 받았습니다. 그러면 그 사랑을 붙들어야 되는 것입니다. 그럴 때 이제 우리 안에 그 아가페적 사랑이 흘러넘치게 됩니다. 그때에만 우리는 하나님을 전심으로 사랑할 수 있고, 내 이웃을 내 몸과 같이 사랑할 수 있는 것입니다. 오직 하나님의 아가페 사랑이 내 안에 충만할 때 그에 대한 응답으로 하나님을 사랑하고, 이웃을 사랑할 수 있는 것입니다. 그 외에 다른 길은 없습니다. 이 모든 것이 성령의 역사요, 성령의 열매인 것입니다.

성령에 붙들린 하나님의 사람들

성도 여러분, 하나님의 사람 사도 베드로를 한번 생각해 보십시오. 그는 매우 급하고 다혈질적인 성격을 가졌습니다. 그래서 겟세마네 동산에서 예수님이 체포되실 당시에 많은 무리가 오는데 앞뒤 가리지 않고 그냥 칼을 뽑았습니다. 그러고는 대제사장의 종의 귀를 잘랐습니다. 이런 베드로가 성령을 받고, 성령의 사람이 되고 나서는 완전히 변합니다. 그가 기록한 서신서에 잘 나타나 있지 않습니까? 그는 원래 그런 사람이 아닙니다. 그런 그의 기질이 변한 것도 아닙니다. 그러나 그 안에 예수 그리스도가 있습니다. 그 안에 하나님의 사랑으로 충만해 있습니다. 그는 성령께 기도하고, 성령께 붙들리고, 성령께 고용돼서 살았습니다. 그래서 모든 사람을 향하여 오래 참음과 자비와 양선으로 대합니다. 그 많은 위협과 박해가 있어도 담대히 복음을 전합니다. 그 안에 희락과 화평이 있기 때문입니다.

하나님의 사람 사도 바울을 생각해 보십시오. 그는 자기 의에 빠져 쉽게 사람을 정죄하고 무시했던 사람이었습니다. 또한 그리스도인을 핍박하던 사람이었습니다. 그러나 부활하신 예수 그리스도를 만난 후에 그 성격은 그대로지만, 완전히 변화됩니다. 성령의 열매가 맺혀집니다. "부활하신 그리스도가 내 안에 있고, 나는 십자가에 내 정욕과 탐심을 못박았느니라." 내 안에 살아 계신 그리스도와 성령을 항상 인식하며 살기에 성령의 열매가 맺혀집니다. 항상 오래 참고, 긍휼을 베풀고, 모든 사람을 용서하며 오늘을 살아갑니다. 그 많은 유대인이 곳곳에 다니면서 그를 죽이려고 핍박해도 요동하지 않습니다. 오히려 그들을 위해서 기도합니다. 자기 목숨을 내놓고 기도했습니다. 사랑을 베풀며 자비를 행합니다. 성령의 열매가 그를 통해 나타나는 것입니다.

성도 여러분, 이는 모든 구원받은 천국 백성에게 동일하게 나타나는 성령의 역사요, 성령의 열매입니다. 성령의 역사 없이는, 성령의 사람이 되지 않고는, 성령의 인도하심을 받지 못하면 결단코 하나님 나라에 들어가지 못합니다. 이것이 성경의 선포입니다. 그래서 성경은 말씀합니다. "성령으로 살라. 너희 안에 살아 계신 성령을 믿고, 성령께 도우심을 청하고 인도하심을 받아 성령께 순종하여 성령의 열매를 맺어 형통한 승리의 삶을 살라." 하나님께서 말씀하시는 것입니다.

하나님의 사람 존 스토트 목사님은 저명한 신학자요, 복음주의 목회자였습니다. 그는 수십 년간 다음과 같은 기도로 매일 아침을 시작했다고 고백합니다. "안녕하세요. 하나님 아버지. 주 예수님. 성령님." 그러고는 성도들의 삶에 역사하시는 성삼위께 감사하고 찬양하면서 한 분 한 분 한 분께 경배를 드렸다고 합니다. 그리고 이어서 이런 기도를 했습니다.

"하나님 아버지, 오늘도 저는 당신의 임재 가운데 거하며, 아버지를 더욱 기쁘게 해드리기를 원합니다. 주 예수님, 오늘도 저는 제 십자가를 지고 당신을 따라가기를 원합니다. 성령님, 오늘도 저를 당신의 영으로 충만하게 하셔서 제 삶 속에서 당신의 사랑과 희락과 화평, 오래 참음과 자비와 양선, 충성과 온유와 절제의 열매를 맺기를 원합니다. 거룩하시고 복되시며, 한 하나님 안에 계신 세 분의 성삼위이시여, 저에게 자비를 베푸소서. 아멘."

기도

전지전능하신 은혜의 하나님, 이 연약하고 미천한 죄인에게 하나님의 복음을 믿게 하시고, 성령을 선물로 주시어서 영의 생각에 이끌려 성령의 사람의 정체성을 가지고 성령의 도우심으로 승리하는 인생을 살게 해주심을 진심으로 감사드립니다. 이처럼 나약하고 연약한 죄인을 이미 아시사, 성령의 역사 가운데 성령의 열매를 맺게 하시어 참으로 이 세상 속에서 권세 있는 형통한 승리의 삶을 살게 해주심을 진심으로 감사드립니다. 진실로 성령으로 살아가는 믿음의 사람이 되어 이 세상을 향하여, 불신자들을 향하여 이 놀라운 성령의 역사의 증인으로, 복음의 증인으로 하나님께 영광 돌리는 삶을 살아가게 지켜주시옵소서. 우리 주 예수 그리스도의 이름으로 간절히 기도드리옵나이다. 아멘.

07

은혜의
왕 노릇

그런즉 한 범죄로 많은 사람이 정죄에 이른 것 같이 한 의로운 행위로 말미암아 많은 사람이 의롭다 하심을 받아 생명에 이르렀느니라 한 사람이 순종하지 아니함으로 많은 사람이 죄인 된 것 같이 한 사람이 순종하심으로 많은 사람이 의인이 되리라 율법이 들어온 것은 범죄를 더하게 하려 함이라 그러나 죄가 더한 곳에 은혜가 더욱 넘쳤나니 이는 죄가 사망 안에서 왕 노릇 한 것 같이 은혜도 또한 의로 말미암아 왕 노릇 하여 우리 주 예수 그리스도로 말미암아 영생에 이르게 하려 함이라

– 로마서 5:18-21

은혜의 왕 노릇

19세기를 대표하는 철학자이며 하나님의 사람인 키르케고르에 관한 이야기를 전해드리겠습니다. 그는 덴마크 서부의 황량하고 쓸쓸한 황무지에서 태어나 자라났습니다. 그의 아버지는 죄의식에 사로잡힌 강하고 어두운 사람으로, 엄격한 율법주의자였습니다. 키르케고르는 이런 집안 분위기에서 흉한 자신의 외모까지 비관하며, 깊은 소외감 속에 성장했습니다.

그가 신학생이 된 다음, 그렇게 엄격했던 아버지의 죽음 앞에서 그는 많은 생각과 변화를 경험하게 되었다고 다음과 같이 고백합니다. "그때 나는 하나님의 은혜 안에서 나 자신의 실존을 깨닫고, 내 안의 변화를 경험했다."

키르케고르는 그가 경험한 하나님의 은혜에 대하여 우리에게 귀한 진리를 증거해 주고 있습니다. "나더러 크리스천의 완벽을 정의하라고 한다면, 노력이 하나의 완벽이라고 정의하고 싶지 않다. 크리스천의 완벽이란 인간의 불완전성에 대하여 깊이 인식하고, 그로 인해 은혜의 필요성을 더 깊이 인식하는 것이다. 이런저런 것에 대한 은혜를 말하는 것이 아니라 은혜 자체에 대한 무한한 필요성을 말하는 것이다."

하나님의 은혜의 두 측면

성도 여러분, 기독교는 복음입니다. 종교가 아니라 복음 그 자체임을 항상 기억해야 합니다. 그 복음은 은혜입니다. 복음은 죄인인 인간을 향하여 하나님이 행하신 위대한 행동을 말하는 것입니다. 기독교와 교회는 오직 복음을 선포하고, 그 은혜를 증거할 때 진정한 하나님의 교회로 거듭나게 됩니다.

우리는 하나님의 은혜에 대해서 두 가지 상반된 특성이 있음을 항상 기억해야 합니다. 첫 번째 특성은 '값비싼 은혜'입니다. 세상의 어떤 것과도 바꿀 수 없는 매우 값비싼 은혜가 복음의 은혜입니다. 그래서 항상 예수 그리스도의 십자가를 기억해야 합니다. 그것이 은혜의 본질입니다. 하나님의 아들이 십자가에 못박혀 피 흘리며 고통 중에 죽으셨습니다. 그것이 값비싼 은혜의 증거인 것입니다. 이것을 잊고 은혜 타령을 하면 그것은 잘못된 신앙생활을 하고 있는 것입니다. 하나님의 아들이 십자가에 피 흘려 죽으신 것은 말이 아니라 행동으로 나타난 값비싼 은혜입니다.

또한 하나님의 은혜는 '값없는 은혜'입니다. 그 값비싼 것을 인류에게 선물로 주셨습니다. 하나님과 원수 된 자를 향하여, 하나님 앞에 죄인인 자를 향하여 그 고귀한 은혜를, 값비싼 은혜를 거저 주셨습니다. 이것이 복음이요, 여기에 교회가 있는 것입니다. 우리는 그 은혜를 받을 자격이 없으나 값없는 은혜로 하나님께서 주셨습니다.

하나님의 사람이며 순교자인 본회퍼의 유명한 선언이 있습니다. "교회와 기독교의 위기와 타락은 바로 여기에 있다. 그것은 값싼 은혜다." 값싼 은혜가 기독교와 교회를 망칩니다. 신앙인의 삶을 무너뜨리는 것입니다. 하나님의 은혜는 매우 값비싼 은혜이자 값없는 은혜이지, 값싼 은혜가 아닙니다. 만일 값싼 은혜에 이끌리게 되면 비본질적인 것에 집착합니다. 그 결과 하나님의 은혜를 말하면서 계속 부와 건강과 성공과 번영에 집착하게 됩니다. 그것이 내게 주어졌으면 은혜를 받고 복을 받은 것이요, 그것이 없으면 은혜를 받지 못하고 복을 받지 못한 것으로 생각합니다.

그러나 이것은 기독교가 아닙니다. 그러다보니 십자가 없는 은혜에 자꾸 끌려가게 됩니다. 은혜는 십자가 안에 충만히 나타났는데, 십자가의 도를 알고자 힘쓰지도 않고 십자가의 길을 가고 싶지도 않아 합니다. 그런데 자신이 원하는 은혜 타령은 합니다. 이것이 교회의 위기인 것입니다. 이렇게 되면 거듭남 없는 인생을 살아가게 됩니다. 이것은 바른 그리스도인의 모습이 아닙니다. 참 하나님의 교회는 거듭남의 역사가 나타나야 합니다. 인격적인 새로운 변화가 내 안에 나타나고, 그것을 기뻐하는 곳이어야 합니다.

또한 회개 없는 용서에 익숙해집니다. 애통하는 마음으로 죄를 인식하며 회개하지 않습니다. 그런데 죄 사함은 좋아합니다. 그리고 자신이 죄 사함을 받았다고 생각하면서 살아갑니다. 이것은 잘못된 복음이요, 잘못된 교회의 모습입니다. 성도 여러분, 하나님의 은혜 없이는 기독교도 없고, 교회도 없습니다. 하나님의 은혜 없이는 그 누구도 천국에 들어갈 수 없다는 사실을 알아야 합니다. 여러분은 지금 그 귀한 은혜의 선물을 얼마나 인식하고, 깨닫고, 감사하며, 즐거워하며 오늘을 살아가십니까?

하나님의 은혜로 살아가는 그리스도인

한 목사님이 불신자인 친한 친구에게 복음을 전했습니다. 오랫동안 복음을 전했음에도 교회에 나오지 않았는데, 어느 날 그가 드디어 교회를 왔습니다. 그런데 그 친구의 모습을 보니 평소 차림대로 와이셔츠 주머니에 담배 한 갑을 딱 꽂고 들어오는 것이었습니다. 그래도 교회에 와준 것만으로도 너무나 고마워서 목사님은 그를 앞자리에 앉히고, 그 친구가 제발 예배를 통해 은혜 받게 해달라고 간절히 기도했습니다.

예배가 끝난 후에 다 일어서 나가는데, 이 친구는 일어날 생각을 하지 않는 것이었습니다. 그래서 목사님은 그 친구에게 왜 자리에 계속 앉아 있었는지 물었습니다. 그러자 친구가 대답했습니다. "내가 은혜를 받았는데 어떻게 가나? 은혜를 갚아야지." "그래? 그럼 어떻게 갚을 건데?" "이 교회 목사님이 총 몇 분이나 되지?" "전도사님까지 한 50명은 되지." "그래, 그럼 그분들 다 모이시라고 해." "아니, 은혜를 어떻게 갚을 건데, 목사님들을 다 모으라고 해?" "응, 내가 한 잔 쏠게."

위대한 하나님의 사람 사도 바울의 삶의 고백을 들어보십시오. 고린도전서 15장 10절의 말씀입니다. "내가 나 된 것은 하나님의 은혜로 된 것이니." 이러한 고백이 삶에 나타나고 있습니까? 정말 하나님의 은혜가 없으면 오늘의 나도 없고, 미래의 나도 없고, 천국 백성도 없습니다. 여러분은 오직 하나님의 은혜로 하나님의 자녀 되었음을 매일매일 고백하고 즐거워하며 오늘을 살아가십니까? 고린도후서 6장 1절에서 다시 그는 말합니다. "하나님의 은혜를 헛되이 받지 말라." 그 값비싼 은혜를 망령되이 일컫지 말고 망각하거나 왜곡시키지도 말고 값싼 은혜로 소홀히 여기지 말라는 것입니다. 그 은혜가 없이는 그 누구도 하나님과 화목할 수 없고, 이 땅에서 영생의 삶을 누릴 수도 없고, 천국에 들어갈 수도 없기 때문입니다.

기독교를 대표하는 탕자의 비유가 주는 메시지가 무엇입니까? 왜 그처럼 좋은 아버지의 집에서 뛰쳐나가는 것입니까? 성경이 주는 답은 하나입니다. 아버지의 은혜를 알지 못해서입니다. 은혜에 대해 무지한 것입니다. 이미 받은 은혜를 깨닫지 못해서 뛰쳐나가는 것입니다. 그것은 그냥 세상에서 살겠다는 것입니다. 하지만 결국 그는 절망 중에, 고통 중에 다시 아버지의 집으로 돌아옵니다.

왜 돌아오는 것입니까? 딱 하나입니다. 이제 은혜를 알아서, 비로소 아버지의 은혜와 사랑을 깨달았기 때문입니다. 이것이 기독교의 메시지입니다. 이 세상의 모든 불행과 비극은 하나님의 은혜를 알지 못했기 때문에 발생하는 것입니다. 그리고 우리의 모든 고통과 절망과 두려움과 낙심은 하나님의 은혜에서 벗어났기 때문에 생기는 것입니다. 이것을 항상 기억해야 합니다.

예수 그리스도 안에 새롭게 된 피조물

본문에 매우 심오한 하나님의 말씀이 주어집니다. 성경에서 가장 심오하고 위대한 메시지입니다. 인류에게는 두 조상이 있음을 성경은 선포하고 있습니다. 그래서 12절부터 21절까지를 읽어보면 인류를 대표하는 '한 사람'에 대한 언급이 계속 반복되고 있습니다. 그 '한 사람'은 아담과 예수 그리스도를 말합니다. 이 두 분이 인류의 조상입니다. 그러므로 결국 이것은 우리가 아담 안에 살아가느냐, 예수 그리스도 안에 살아가느냐 둘 중 하나임을 선포해 주는 말씀입니다.

아담 안에 살아간다는 것은, 성경의 맥락에서 보면 죄와 사망의 권세 아래 살아가는 것입니다. 죄의 종으로, 죄의 노예로 살다 보니 죄의 삯인 사망을 통해서 영원한 죽음에 이르게 됩니다. 죄와 사망의 권세 아래서 죄의 종으로 살아가는 상태의 인간, 그것이 오늘 인류의 상태입니다. 그래서 성경은 말씀합니다. "의인은 없나니 하나도 없으며"(롬 3:10). 무슨 판단의 기준으로 그렇게 말하느냐고 묻는다면 성경은 답합니다. 오직 하나님의 의로 판단하는 것입니다. 인간의 의로 보면 어떤 사람은 의인이고 어떤 사람은 죄인인 것 같지만, 하나님의 의의 기준으로 보면, 하나님의 판단으로 보면, 모두가 죄와 사망 아래 있는 것이고 하나님의 진노 아래 있는 자녀들일 뿐입니다.

동시에 예수 그리스도 안에 있다는 것은 은혜와 의의 권세 아래 있음을 말합니다. 예수 그리스도 안에 있다는 것은 죄와 사망 아래 있음에도 불구하고 하나님의 의와 하나님의 은혜가 나타나서 구원받은 것입니다. 그러므로 이것은 새로운 피조물입니다. 그래서 성경은 말씀합니다. "그리스도 예수 안에 있는 속량(구속)으로 말미암아 하나님의 은혜로 값 없이 의롭다 하심을 얻은 자 되었느니라"(롬 3:24). 즉 예수 그리스도의 구속과 세상에서 가장 값비싼 은혜로 말미암아 우리에게 값없이 그 은혜가 주어져 믿음으로 하나님의 자녀가 되었다는 것입니다. 나의 선행, 나의 희생, 나의 노력, 이런 것이 아닙니다. '오직 하나님의 은혜로, 값없이 믿음으로 하나님의 자녀 되었다.' 이것이 교회와 기독교의 선포인 것입니다.

그래서 본문에 조금 더 구체적으로 설명하고 있습니다. 죄의 권세와 은혜의 권세를 대조하여 20절에 이렇게 기록되어 있습니다. "율법이 들어온 것은 범죄를 더하게 하려 함이라 그러나 죄가 더한 곳에 은혜가 더욱 넘쳤나니." 여기서 '율법이 들어온 것은 범죄를 더하게 하려 함이라'를 잘못 해석하면, 하나님의 율법으로 더 죄를 짓게 되었다거나 마치 율법이 우리를 죄 짓게 만들었다고 오해할 수 있는데, 이것은 그런 의미가 아닙니다. 율법이 하나님의 은혜로 우리에게 주어졌습니다. 그 율법을 깨닫고 믿고 보니 죄가 드러나게 되었습니다. 이전에는 우상을 섬겨도 죄인 줄 몰랐고, 하나님을 믿지 않아도 그게 그렇게 큰 죄인 줄 몰랐습니다. 부모를 공경하지 않아도 그게 죄인 줄 몰랐고, 내 안의 탐심이 그렇게 큰 죄인 줄 몰랐습니다. 그런데 하나님의 말씀을 받고 보니 죄가 드러났습니다. 내외적인 모든 죄가 드러났습니다.

그러나 여기에 하나님의 역사가 일어났습니다. "그렇게 죄가 더한 곳에 은혜가 더욱 넘쳤다." 성도 여러분, 이 말씀을 항상 묵상하고 고백하며 살아가야 합니다. 이것이 복음의 진수입니다. 율법의 목적은 구원을 얻게 하려는 것이 아니라 죄가 드러나고 깨닫게 하시기 위해 주신 것입니다. 그리고 내가 얼마나 미천한 자이고 죄의 종인가를 알게 하시기 위해서 주신 것입니다. 그런 상태에서 그는 오직 하나님만을 바라볼 것입니다. 나 스스로 죄의 권세에서 벗어날 수가 없습니다. 그

끝은 사망임을 알기에 여기서 벗어나야 하는데, 할 수가 없습니다. 그래서 오직 하나님만을 바라보며, 하나님의 은총만을 구합니다. 그런 상태에서 하나님께서 은혜를 베푸셨다는 뜻입니다. "죄가 더한 곳에 은혜가 더욱 넘쳤나니."

죄가 더한 곳에 넘친 은혜

죄의 권세가 그렇게 가공할 만하고 인류를 죄 속에 몰아가는데, 그 속에 사는 우리는 구제 불능한 죄인인데, 하나님의 은혜가 내게 임하고 보니 죄가 더는 그 능력을 발휘하지 못합니다. 정죄함이 없습니다. 그 은혜로 말미암아 하나님의 의를 선물로 받고, 하나님과 화목하게 되고, 하나님의 약속을 소망하게 되고, 하나님의 지혜와 능력을 체험하며 새로운 사람의 인생을 살아가게 되는 것입니다. "죄가 더한 곳에 은혜가 넘쳤다." 이것은 모든 신앙인의 고백입니다.

신약의 인물뿐만 아니라 구약의 아브라함도, 모세도, 다윗도 이 신앙고백을 합니다. 자기가 죄인인 줄 압니다. 하나님의 의, 그 앞에 서보니 내가 형편없는 죄인인 줄 알게 되는 것입니다. 그들은 하나님의 은혜와 사랑을 체험했습니다. 그리고 그들은 고백합니다. 하나님의 은혜를 찬양합니다. 오직 하나님만을 소망하며 살아가게 됩니다. "죄가 더한 곳에 은혜가 넘쳤다." 그런데 율법이 없으면 죄가 뭔지 몰랐을 것입니다. 그러므로 이 또한 하나님이 주신 선물입니다. 그 속에 나타난 하나님의 은혜, 그 역사를 비로소 깨닫게 됐습니다. 얼마나 감사하고 기쁜 일입니까? 성도 여러분, 여러분은 이런 신앙 속에 오늘을 살아갑니까? 이 사건이 내게 일어나야 내가 하나님의 자녀요, 정말 하나님의 은혜를 받은 자요, 이 은혜에 이끌려 살아가는 것인데, 그렇게 살아가십니까? 아니면 값싼 은혜에 이끌려 오늘을 살아가십니까?

기독교인의 승리는 바로 여기에 있습니다. 내가 무엇을 잘해서 승리하는 것이 아니라 죄가 더한 곳에 우리는 항상 죄와 타협하며 죄 중에 살아갈 수밖에 없습니다. 그렇게 연약한 사람입니다. "하나님의 은혜가 넘쳤다." 여기에 승리가 있는 것입니다. 그리고 이제 비로소 하나님과 화목하며, 하나님의 사람으로 승리의 삶을 살아가게 됩니다.

종교개혁자 마르틴 루터를 기억하시기 바랍니다. 그는 하나님을 믿기 전에, 다시 말해서 거듭난 그리스도인이 되기 전에도 이미 훌륭한 가톨릭 사제였습니다. 그는 젊고, 지혜롭고, 의롭고, 항상 도덕적인 삶을 추구했으며, 기도에 힘썼고, 성경 공부를 하고, 성경을 연구하고 가르친 사람이었습니다. 그런데 그랬던 그가 스스로 고백합니다. "그때 나는 비참한 종교인이었다." 세상이 보기에는 의로운 사람이고, 훌륭한 사람이었습니다.

그런데 하나님의 의를 깨닫고, 그 의 안에서 보니까 말뿐인 위선자요, 실제로 의롭게 되지 못했음을 처절하게 율법 아래서 깨닫게 됩니다. 그리고 후에 성경 안에서 복음을 받아들이고 하나님의 의를 깨닫고 나서 그는 고백합니다. "오직 의인은 믿음으로 말미암아 살리라." 이것은 은혜로 산다는 말입니다. "오직 하나님의 은혜로 나는 의인 되었으며, 천국 백성이 되었다. 이것뿐이다. 아무리 봐도 나는 죄인인데, 은혜가 넘쳤다." 그것이 십자가의 사건입니다. 십자가의 복음입니다. "은혜가 넘쳤다."

죄의 종으로 살아가는 삶

성도 여러분, 이런 감격, 이 복음의 은혜에 대한 감사가 있습니까? 본문은 이 놀라운 은혜의 역사를 더 구체적으로 기억하도록 깨닫게 하시기 위해서 비유적 용어를 통해서 우리에게 말씀하십니다. 그것이 '왕 노릇'이라는 말입니다. 왕 노릇이 무엇입니까? 강한 통치와 권세를 말하는 것이 아닙니다.

왕 노릇은 실제적인 힘과 영향력을 말합니다. 죄가 실제인 것처럼, 은혜가 실제인 것처럼 지금 '왕 노릇'을 통해서 설명합니다.

다시 말해서, 죄와 은혜의 왕 노릇을 우리에게 각인시켜 주시는 것입니다. 죄의 왕 노릇 안에 있다는 것이 실제 상황입니다. 자기 자신과 이 세상을 보십시오. 어떤 일이 벌어집니까? 죄가 왕 노릇할 때, 죄의 권세가 있을 때, 죄의 종으로 살아갈 때 먼저 드러나는 것이 하나님을 부정하는 것입니다. 창조주이시며 역사의 주인이신 그 하나님을 보지 못하고, 믿지 못합니다. 대신 우상을 섬기고, 과학적 이성적 진화론 같은 것들에 끌려갑니다. 이것이 죄의 권세입니다.

더 나아가 하나님께 순종하지 않습니다. 불순종하면서도 양심의 가책이 없습니다. 왜 그렇습니까? 죄가 왕 노릇하기 때문입니다. 심지어 예수 믿는 사람조차 하나님께 순종하지 않으면서도 가책이 없습니다. 회개하지 않습니다. 내 안에 아직 죄의 왕 노릇이 있기 때문입니다. 그리고 세상 중심으로 눈에 보이는 것에 집착합니다. 눈에 보이는 안정, 성공, 번영, 물질, 죄의 권세 아래 살아가기 때문입니다.

우리도 예수 믿기 전에는 이렇게 살았습니다. 오늘도 수많은 사람들이 이런 상태에 놓여 있습니다. 하나님의 통치와 하나님의 나라를 다 추상적으로 여기고, 기복신앙에 빠져 있습니다. 눈에 보이는 부와 건강과 물질이 내게 있어야 나는 은혜 받고, 복을 받은 사람이라고 생각하는 것입니다. 하지만 그런 말 자체가 죄의 권세 아래 있고, 죄가 왕 노릇해서 그런 것입니다. 더욱이 죄의식이 점점 사라집니다. 그것을 가리켜 인간의 타락이라 합니다.

참으로 놀라운 것은 이 세상에서 많은 지식과 놀라운 도덕적 성품을 가진 사람들도 이 사실을 모른다는 것입니다. 죄의 왕 노릇에 대한 실체를 알지 못합니다. 그러니 얼마나 불행하고 비참합니까? 하나님의 관점, 그리스도인의 영의 눈으로 볼 때 이 말씀대로 세상은 돌아가는 것입니다. 그런데 동시에 예수 그리스도 안에서 은혜의 왕 노릇이 나타났다고 합니다. 오늘 우리 자신의 삶을 보십시오. 보이지 않는 하나님이지만, 창조주시요 역사의 주인이신 그 하나님을 믿습니다. 은혜가 내 안에서 그만큼 왕 노릇했기 때문입니다. 그래서 하나님을 경외하는 것입니다. 그리고 하나님께 순종합니다. 하나님께 순종하지 않으면 항상 불편합니다. 내 안에서 죄와 은혜가 싸웁니다.

그런데 은혜가 왕 노릇할 때는 모든 죄와 허물이 사라집니다. 하나님을 기뻐합니다. 정말 하나님을 믿는 것입니다. 하나님의 나라, 영원한 삶, 영생을 믿습니다. 이제는 하나님 중심의 삶을 살아갑니다. 천국을 사모하고, 천국을 기뻐하고, 천국을 준비하며 오늘을 살아갑니다. 내 안의 은혜가 나를 변화시키는 것입니다. 그리고 결국 예수 그리스도 안에서 살아가는 것입니다. 예수 그리스도 안에서 연합하고, 성령께 삶을 의탁하게 됩니다. 그러면 매일매일 회개와 믿음으로 살아갈 수밖에 없습니다. 그리고 비로소 그 은혜를 붙듭니다. 그 은혜가 없으면 나는 이렇게 살아갈 수 없습니다. 그 은혜가 있어야 내가 날마다 새로워지게 됩니다. 몸은 후패하나, 내 마음과 내 영은 날마다 새로워집니다. 그 은혜의 증인으로 오늘을 살아갑니다. 성도 여러분, 여러분은 이런 정체성을 가지고, 삶의 고백이 하나님의 은혜 안에 있음을 나타내며 살아가십니까? 깊이 생각해야 합니다.

하나님의 은혜에 응답하는 삶

1929년, 벨기에에 한 불우한 소녀가 태어났습니다. 그녀는 너무 가난해서 어렸을 때 아사 직전 이웃 사람에게 발견되어 생명을 건진 적도 있었습니다. 설상가상으로 제2차 세계대전이 터져서 굶주림에 허덕이게 되었습니다. 그때 한 구호단체가 그녀에게 도움을 주었습니다. 그 단체는 '국제아동 긴급구호기금'(유니세프)이었습니다. 소녀는 유니세프가 준 빵을 먹으며 위기를 극복했습니다. 이제 이 소녀가 커서 훗날 세계적인 영화배우가 됩니다. 그 소녀의 이름은 오드리 헵번입니다. 그녀는 1993년 세상을 떠날 때까지 이 단체의 홍보대사를 했고, 전 세계를 돌아다니며 굶주린 어린이를 도왔습니다. 그리고 그녀는 항상 이렇게 말했다고 합니다. "절망의 늪에서 나를 구해준 분들을 위해 이제는 내가 봉사할 차례입니다."

성도 여러분, 하나님의 은혜를 받은 우리 모두는 그 은혜에 어떻게 응답하며 살아갑니까? 정말 은혜를 받았다면, 그 은혜로 인하여 내가 하나님의 자녀 되었고 천국 소망을 갖는 자라면 어떻게 응답하며 살아야 합니까? 하나님의 은혜를 믿는다는 것은 이미 내가 은혜의 사람으로 변하게 되었다는 것입니다. 은혜 중심의 삶을 살아갈 수밖에 없다는 것을 말합니다. 모든 구원받은 그리스도인은 예수님을 주라고 고백합니다. 그것은 무엇을 말하는 것입니까? 말로만 하는 것이 아니라 이것은 진정한 삶의 고백인데, 예수님을 주라고 하는 것은 예수님 자체가 은혜이기 때문입니다. 그 은혜가 내게 왕 노릇하는 것입니다. 결국 예수님이 내게 왕 노릇하시는 것입니다. 그럴 때 우리는 이 험악한 세상에서 은혜의 빛을 따라 승리하게 됩니다.

본문은 분명히 결론짓고 있습니다. "하나님의 은혜가 왕 노릇할 때 영생에 이르게 되느니라." 이 어두운 세상에서도 영생의 삶을 살아갈 수 있습니다. 그것은 하나님의 은혜가 내 안에 왕 노릇할 때 오직 그때뿐입니다. 그래서 예수님께서 하나님의 자녀를 향하여 말씀하십니다. "너희는 먼저 그의 나라와 그의 의를 구하라." 왜 그렇습니까? 그것이 은혜의 본체이기 때문입니다. "하나님 나라도 은혜요, 하나님의 의도 은혜요, 하나님 나라에 들어감도 은혜다. 먼저 그 은혜를 구하며 오늘을 살아라. 그래야 이 땅에서 형통하고, 승리하는 삶을 살아갈 수 있다"고 말씀하십니다.

거듭난 천국 백성의 표지

성도 여러분, 거듭난 천국 백성의 표지가 여기에 있습니다. 정의가 아닙니다. 옳고 그름으로는 더욱더 비판하고, 비난하고, 싸울 수밖에 없습니다. '오직 하나님의 은혜를 받으므로'입니다. 우리가 무엇을 행해서 천국 백성 된 것이 아닙니다. 그러므로 그 은혜를 따라 은혜 중심의 삶을 살아가야 합니다. 특별히 교회가 그렇습니다. 그 은혜를 사모했고, 그 은혜를 받았고, 그 은혜에 이끌려 하나님의 자녀로 승리할 것입니다. 그래서 하나님의 말씀인 은혜의 복음을 듣기 위해 이 자리에 나온 것입니다. 내가 은혜를 떠나서 내 힘으로, 열심으로, 노력으로 선행을 베풀고 희생을 한다 할지라도 점점 하나님의 은혜에서 멀어질 뿐입니다. 남는 것은 자기 의, 자기 자랑밖에 없습니다. 그래서 그리스도인은 항상 매일매일 십자가의 복음에 초점을 맞춥니다. 천국 복음에 초점을 맞추고 묵상하며 살아갑니다. 그곳은 오직 은혜, 은혜밖에 없습니다. 하나님의 은혜가 없으면 내가 알 수도 없고, 갈 수도 없고, 죄 사함을 받을 수도 없고, 하나님의 의를 받을 수도 없고, 천국에 들어갈 수도 없습니다. 오직 은혜가 있기에 믿음으로 그 은혜를 기뻐하며 오늘을 살아가게 됩니다.

성령께서는 하나님의 자녀를 예수 그리스도께 집중하게 인도하십니다. 성령께서는 은혜의 본체이시기 때문에 그 은혜로 말미암아 오늘을 살며 승리하게 하시기 위하여 우리 안에서 역사하십니다. 그럴 때 우리는 비로소 이렇게 고백하게 됩니다. "나의 나 된 것은 하나님의 은혜로 된 것입니다."

전지전능하신 은혜의 하나님, 하나님을 떠나 하나님을 알지 못하는 불신앙의 미천한 죄인을 오직 예수 그리스도 안에서 하나님의 은혜로, 값없이 믿음으로 하나님의 자녀 되게 하시고, 그 은혜의 신비를 따라 그 은혜가 내 안에 왕 노릇함을 기뻐하며, 하나님의 영광을 나타내는 승리의 삶을 살게 해주심을 진심으로 감사드립니다. 그러나 또다시 세상 풍조에 휩쓸리며, 나 중심의 삶의 세계관에서 벗어나지 못하여 그 은혜를 망각하고, 소홀히 여기며 왜곡하는 가운데 잘못된 인생을 살아가는 죄인임을 고백하오니 용서하여 주시옵소서. 성령이시여, 하나님의 자녀로 택하심을 받은 우리 모두를 향하여 오직 주의 은혜의 빛을 비춰주시고, 그 은혜를 따라가는 은혜 중심의 삶을 통하여 하나님을 즐거워하며 이 땅에서 형통한 삶을 살아갈 수 있도록 지켜주시옵소서. 주 예수 그리스도의 이름으로 간절히 기도드리옵나이다. 아멘.